THADDEUS GOLAS

DER ERLEUCHTUNG IST ES EGAL WIE DU SIE ERLANGST

SPHINX POCKET 1

THADDEUS GOLAS

DER ERLEUCHTUNG IST ES EGAL WIE DU SIE ERLANGST

SPHINX VERLAG BASEL

Aus dem Amerikanischen
von Matthias Güldenstein

CIP-Kurztitelaufnahme der Deutschen Bibliothek

Golas, Thaddeus:
Der Erleuchtung ist es egal, wie du sie
erlangst / Thaddeus Golas. [Aus d. Amerikan.
übertr. von Matthias Güldenstein]. – 2. Aufl. –
Basel: Sphinx-Verlag, 1981.
(Sphinx pocket; 1)
Einheitssacht.: The lazy man's guide to
enlightenment <dt.>
ISBN 3-85914-301-8
NE: GT

1981
2. Auflage

Originaltitel: The Lazy Man's Guide to Enlightenment
Umschlaggestaltung: Thomas Bertschi
Satz: BDV, Basel
Herstellung: Ebner Ulm
Printed in Germany
ISBN 3-85914-301-8

Dem Andenken meines Vaters,
Valentin Golas, gewidmet

und in Dankbarkeit
dem *Yellow Submarine*
in der Belcher Street:
Captain Bill und Liz
Patrice, Kathy, Bernie
Fran, Jan, Helene
Joe, Don und
allen andern

Inhalt

Vorwort

Ich bin ein fauler Mensch. Und weil ich so träge bin, glaube ich nicht daran, dass Anstrengung, Disziplin, Speisevorschriften, Nicht-Rauchen und andere Tugendbeweise nötig sind, um zur Erleuchtung zu gelangen. Das ist wohl so ziemlich das Schlimmste, was man sich an Ketzerei vorstellen kann, aber ich muss ehrlich sein, ehe ich ehrerbietig sein kann. Ich mache mir die Arbeit, dieses Buch zu schreiben, um mir die Mühe zu sparen, über diese Dinge sprechen zu müssen.

Vielleicht ist's ja genau das, was einer zum Lesen braucht, um sich selbst etwas wohler zu fühlen. Wenn du ein freundlicher Mensch bist und wissen möchtest, was du zu erwarten hast, wenn dich die Erleuchtung erfasst, und warum dir das passiert – mit oder ohne psychedelische Hilfe – dann ist dieses Buch was für dich.

So jedenfalls sehe ich die Spielregeln. Ich merke, dass

sich viele von uns heutzutage sehr rasch öffnen, und entsprechend weitverbreitet ist der Irrtum, dass jeder meint, er sei mit seinem Offenbarungserlebnis allein. Es genügt nicht, das Gefühl zu haben, die Wahrheit zu kennen. Ich habe nicht die Absicht, so zu tun, als könnte ich die letzte Wahrheit anbieten, aber was ich vorschlagen möchte, sind bestimmte einfache Haltungen, Einstellungen oder Verhaltensweisen, innere Muster, die für jeden wirksam sein werden, und die dich auch dann begleiten, wenn du völlig ausgefreakt oder weg bist, ja sogar, wenn du ganz abgefahren bist. Diese inneren Muster sind so einfach, dass ich sie mit einem Bild vom Universum garniere, um dir zu zeigen, warum sie auch wirksam sind, wenn du gar nicht daran glaubst dass sie es sein könnten.

Das Universum ist so weitläufig und vielschichtig, dass wir nie ein höheres Bewusstsein erlangen würden, wenn wir entsprechend komplizierte Bücher haben müssten, um erleuchtet zu werden. Aber das Universum ist andrerseits in seiner Anlage so einfach, dass es eigentlich für niemanden einen Grund gibt, sich ratlos oder unglücklich zu fühlen. Du kannst dein Sein ganz einfach unter Kontrolle bringen, wie kompliziert es auch immer aussehen mag. Ich hab die Idee aufgegeben, dies immer wieder aufzuschreiben, denn die Leute haben's nicht zur Kenntnis genommen, weil sie's gar nicht wissen wollten. Aber schliesslich besteht nicht mehr Grund, es nicht aufzuschreiben, als es aufzuschreiben.

Ich schreib hier das auf, was ich eines Tages gerne selbst lesen würde, wenn ich auf einer unheimlichen Ebene festsitze. Schon öfter habe ich auf schlechten

Trips gedacht: Was könnte ich zu jemandem in diesem Bewusstseinszustand sagen, das für ihn irgendwie von Bedeutung sein könnte? Auf diese Art ist diese Information hier getestet worden. Keine Zeile in diesem Buch steht nur deshalb da, weil sie gut klingt. Die Information ist brauchbar und verlässlich. Sie hat mich und andere sicher durch recht extreme Bewusstseinszustände geleitet, und kann auf ein paar Kernsätze reduziert werden, die so einfach sind, dass du dich in jeder Krisensituation daran erinnern kannst.

Das erste Kapitel gibt am Anfang kurz eine Vorstellung davon, wie das Universum aufgebaut ist, und das übrige Buch behandelt unser Leben von diesem Gesichtspunkt aus. Es ist dies eine sehr weitreichende Idee, die in jedes Wissensgebiet hineingreift; und nachdem ich viele Jahre gebraucht habe, um damit klarzukommen, kann ich nicht erwarten, dass es jemand anderer so ohne weiteres akzeptieren würde. Alles was ich tun kann, ist, dich zu bitten, das Gedankenspiel mal mitzuspielen und zu sehen, wohin es führt, und dann mit dem zu vergleichen, was du sonst weisst. Was muss für das Universum wahr sein, damit es so aussieht, wie es uns erscheint? Gibt es einen glaubhaften Brückenschlag zwischen Materie und Geist? Wie so viele andere habe ich mich jahrelang mit solchen Überlegungen herumgeschlagen; und dieses Buch enthält einige der Schlussfolgerungen, die ich daraus gezogen habe. Vielleicht bedeuten diese Folgerungen nur etwas für dich, wenn du deinen eigenen Abläufen von Überprüfung und Beweisführung folgst. Wenn dies der Fall ist, dann findest du im ersten Kapitel alles was du brauchst, um dich für eine gute Weile zu beschäftigen. Wenn du aber andrerseits bloss einen brauchbaren Trip-Führer suchst, dann wirst du auch den hier finden.

Ich erwarte wirklich nicht, dass jemand diese Zeilen sogleich in ein Gefühl der Verwirklichung umsetzt. Aber wenn einer von euch, von dem ich niemals was höre, ein bisschen higher und glücklicher wird, dann würde ich das alles immer wieder und noch tausendmal aufschreiben. Ich hoffe, du findest die Schwingungen angenehm.

Wer sind wir?

Wir alle sind gleichwertige Wesen, und das Universum besteht aus unseren gegenseitigen Beziehungen. Das Universum ist aus einer einzigen Art von Wesenheiten gemacht: jede ist lebendig, jede bestimmt selbst den Lauf ihrer eigenen Existenz.

Das ist tatsächlich alles, was du zu wissen brauchst, um dieses Buch zu verstehen oder dein eigenes zu schreiben. Alles, was ich schreibe, wurzelt in diesem ersten Abschnitt; und du kannst jedes auftauchende Problem lösen, indem du auf diesen Grundgedanken zurückkommst und ihn dann für dich selbst durchdenkst.

Das Universum ist aus einer einzigen Art von Was-auch-immer gemacht, das nicht näher definiert werden kann. Für unsere Zwecke ist es auch gar nicht nötig, eine Definition zu finden. Uns reicht es, anzunehmen, dass es nur *eine Art* von Was-auch-immer gibt, und zu sehen, ob uns das zu einer vernünftigen Erklärung für die Welt, wie wir sie kennen, führt.

Die Grundfunktion jedes Wesens ist sich auszudehnen und sich zusammenzuziehen. Ausgedehnte Wesen sind durchlässig, zusammengezogene sind dicht und undurchlässig. Deshalb kann jeder von uns – alleine oder gemeinsam mit andern – als Raum, Energie oder Masse erscheinen, je nach dem Mass, in dem er sich ausgedehnt oder zusammengezogen hat, und welche Art von Schwingungen jeder von uns durch den Wechsel von Ausdehnen und Zusammenziehen ausdrückt. Jedes Wesen verfügt über seine eigenen Schwingungen.

Ein vollständig ausgedehntes Wesen ist Raum. Nachdem mit der Ausdehnung auch die Durchlässigkeit zunimmt, können wir mit einem oder mehreren ausgedehnten Wesen im «gleichen Raum» sein. Tatsächlich können alle Wesenheiten im Universum ein einziger Raum sein.

Das Ausgedehntsein erleben wir als Gewahrsein, Verstehen, Begreifen oder wie immer wir es nennen wollen. Wenn wir vollständig ausgedehnt sind, haben wir ein Gefühl allumfassenden Gewahrseins, eins zu sein mit allem Leben. Auf dieser Ebene haben wir keinen Widerstand gegen irgendwelche Schwingungen oder Interaktionen anderer Wesen. Es bedeutet zeitlose Glückseligkeit, mit einer uneingeschränkten Auswahl an Bewusstsein, Wahrnehmung und Fühlen.

Raum ist eine Erfahrungsebene, die jeder von uns erreichen kann, aber es ist schwierig, auf unserer gegenwärtigen Daseinsebene davon zu sprechen, weil jene eben unbegrenzt ist. Unsere Ebene erfordert Abgrenzungen und Definitionen. Wir könnten sagen: Alle Erfahrungen sind dem Einen Mind zugänglich und der Eine Mind ist wir alle oder irgendeiner von uns auf der höchsten Ausdehnungsebene. Oder wir könnten folgende Theorie aufstellen: Gott konnte nichts erschaffen, das begrenzter als er selbst ist, das Bestand hätte. Aber wenn er sich selbst verdoppelt, dann kann er sich eines beständigen Universums erfreuen. Daher ist jede Wesenheit ein Doppel Gottes, «nach seinem Ebenbild» geschaffen.

Es spielt keine Rolle, welche Ausdrucksweise wir verwenden: Wir existieren und das Universum existiert, und es ist möglich diese Idee von Ausdehnen und Zusammenziehen innerhalb des begrenzten Rahmens dessen zu überprüfen, was uns als Menschenwesen real erscheint, besonders bei Studien im atomaren und subatomaren Bereich.

Wenn ein Wesen völlig zusammengezogen ist, ist es ein Masseteilchen, vollständig implodiert. Entsprechend dem Mass, in dem ein Wesen zusammengezogen ist, ist es unfähig, im gleichen Raum mit anderen zu sein, deshalb wird Zusammengezogensein als Furcht, Schmerz, Unbewusstheit, Unwissenheit, Hass, Übel und eine Unzahl anderer unerwünschter Gefühle empfunden. Im Extremfall hat das Wesen das Gefühl, völlig verrückt zu sein, allem und jedem entgegenzustehen und unfähig zu sein, den Inhalt seines Bewusstseins zu wählen. Das sind natürlich einfach die Empfindungen, die zu den Schwingungsebenen der Masse gehören, und jedes Wesen kann sich jederzeit daraus befreien, indem es jeden Widerstand aufgibt gegen alles, was es denkt, sieht oder fühlt.

Wenn ein Wesen zwischen Ausdehnen und Zusammenziehen wechselt, ist es Energie. Ich vermute, dass ein Wesen, das sich in der Mitte – halb ausgedehnt, halb zusammengezogen – befindet, logisch, nichtsubjektiv, egolos und berechenbar sein müsste. Das könnte die «Null» sein, die auf der einen Seite der Energiegleichungen in der Physik steht, aber auch der «Ego-Tod», durch den wir gehen, wenn wir uns zu höheren Bewusstseinsebenen ausdehnen.

Es ist wichtig festzuhalten, dass Energie nicht eine Menge von irgendetwas «Objektivem» darstellt. Energie ist wie Raum und Materie etwas, das eine grosse Zahl von lebenden Wesen tun. Energie-Wesen reagieren gewöhnlich gegenüber ihren Nachbarn in einer Art und Weise, die oft vorhersehbar ist und anscheinend automatisch abläuft, wie das Umfallen von Dominosteinen. In Beziehung zu Raum-Wesen werden sie sich high, rasch schwingend und mit einem Gefühl zunehmender subjektiver Freiheit zeigen. Zu Masse-Wesen hin ausgerichtet werden sie nur von geringer Energie sein, langsamer schwingen, mit einem wachsenden Gefühl subjektiver Unfreiheit und Verwirrung.

Das Universum ist eine unendliche Harmonie von schwingenden Wesen in einer fein abgestimmten Rangordnung verschiedener Stadien von Ausdehnen-Zusammenziehen, Frequenzmodulationen und so weiter.

Zu jeder Variation, jeder Kombination und jeder Schwingungsebene gibt es besondere Muster von Gefühlen und Ideen. Auch die Wahrnehmung verändert sich je nachdem, wie andere Wesen von allen möglichen verschiedenen Gesichtspunkten aus in Beziehung treten. Der Gedanke an diese Möglichkeiten ist so überwältigend, und der Versuch, sie in Worte einzufangen so lächerlich, dass es mir schwerfällt, weiterzuschreiben. Aber worauf wir ja aus sind, ist, einige grundlegende innere Muster zu isolieren, die es uns erlauben, uns unserer Freiheit gewahr zu werden, uns in diesem Irrgarten zu bewegen – oder direkt nach oben vorzustossen.

Was wir immer im Gedächtnis behalten müssen: Es gibt niemanden sonst, als uns kleine Menschen. Das ganze Universum besteht aus Wesen wie wir selbst. Jedes Teilchen ist ein ganzer Stamm von Wesen. Energie ist eine grosse Anzahl von unseresgleichen, die zusammen schwingen. Raum ist eine unendliche Anzahl unserer Brüder und Schwestern in vollkommener Glückseligkeit.

Es gibt keinen wesentlichen Unterschied zwischen belebter und unbelebter Materie, weil beide aus lebenden Wesen bestehen. Es lässt sich nicht nur Masse in Energie umwandeln, sondern auch Energie in Raum und umgekehrt. Unsere eigene Abwendung vom Gewahrsein, unsere Masse-Bedingtheit, lässt uns unsere Brüder und Schwestern als objektive Materie, Energie und Raum sehen. Wir haben immer die Erlebnisse und Wahrnehmungen, die unserer Schwingungsebene entsprechen.

Für uns alle gelten die gleichen Regeln. Die Regeln kommen nicht von irgendwo ausserhalb von uns. Sie leiten sich von der Wahrheit ab, dass wir alle gleich sind, dass wir alle die gleiche Auswahl von möglichem Verhalten und Erleben haben. Wir haben die Freiheit, alles zu tun, was wir wollen, soweit dies im Rahmen der notwendigen Gesetze unserer Beziehungen als gleichberechtigte Wesen möglich ist. Und Liebe muss das erste Gesetz sein. Liebe ist die *Aktion* des gemeinsam mit andern Wesen im gleichen Raum Seins, und das heisst, dass Liebe wirklich ist, ebenso wirklich wie wir selbst. Liebe ist nicht eine begrenzte Idee, sie ist etwas, das wir tun, letztlich mit unserem ganzen Selbst.

Vielleicht mögen viele von uns den Ort nicht, an dem sie jetzt im Universum sind, aber wir dürfen alle sicher sein, dass wir durch unsern eigenen Entschluss, uns in Liebe auszudehnen oder uns von ihr abzuwenden an den Ort gelangt sind, an dem wir sind.

Was für ein Hirn, was für einen Körper du hast, die Familie und Gesellschaft, die geschichtliche Zeit, in die du geboren wurdest, alles das und mehr ist von dir selbst bestimmt worden, von deinem Grad der Ausdehnung, von deiner Bereitschaft zu lieben. Niemand hat dir irgendetwas aufgebürdet. Niemand hat dich gezwungen. Es herrscht absolute Gerechtigkeit in der Erfahrung, dass jeder von uns jede Sekunde des Tages besitzt. In gewissem Sinne können wir uns alle beruhigen, denn nichts ist verborgen, nichts vergessen, nichts verloren, niemand wird im Stich gelassen.

Jeder von uns ist die gleiche Art von Wesen, das fähig ist, Aufmerksamkeit und Gewahrsein auszubreiten oder einzuschränken. Und das ist alles, was wir zu tun haben: Volle, akzeptierende und gewährende, liebende Aufmerksamkeit absolut allem schenken, was wir in unserem Geist, in unserem Körper, in unserer Umgebung und andern Menschen sehen.

Ausdehnung in Liebe ist eine Tätigkeit, die jederzeit jedem Wesen im Universum zugänglich ist. Ein bereitwilliges Gewahrsein wird uns in den Himmel führen, eine liebende Haltung wird uns frei machen. Nichts anderes beherrscht unser Schicksal. Gutes oder schlechtes

Verhalten ist zweitrangig. Was du auch immer tust, lieb dich dafür, dass du es tust. Was du auch immer denkst, lieb dich dafür, dass du es denkst. Liebe ist die einzige Dimension, die verändert werden muss. Wenn du nicht sicher bist, wie es sich anfühlt, liebend zu sein, dann lieb dich dafür, dass du nicht sicher bist, wie es sich anfühlt. Es gibt nichts Wichtigeres auf Erden als die Liebe, die bewusste Wesen füreinander fühlen, gleichgültig, ob sie je ausgedrückt wird oder nicht.

Es hat keinen Zweck, sich über schlechtere oder bessere geistige Voraussetzungen Gedanken oder Kummer zu machen, obwohl man dieses Spiel natürlich spielen kann. Du wirst nicht fähig sein, dich über deine jetzige Schwingungsebene zu erheben, um dort zu bleiben, solange du deinen Jetztzustand nicht liebst.

Egal in welchem geistigen Zustand du dich befindest, egal, wo im Universum du dich befindest, du hast immer die gleiche Wahl: Dein Gewahrsein auszudehnen oder zusammenzuziehen. Und du musst von dort ausgehen, wo du dich befindest – es ist eine der unendlichen Erfahrungsmöglichkeiten, die uns zur Verfügung stehen. Was du bist, könnte auch ich sein. Was ich bin, könntest auch du sein.

Alles, was wir auch immer getan haben mögen, indem wir uns von der vollen Bewusstheit des Einen Mind abgewendet haben, das tun wir auch jetzt. Was wir auch immer tun, wird immer als Möglichkeit in uns liegen, auch wenn wir es gar nicht tun; wir müssen ihm deshalb gar nicht widerstehen, sondern es transzendieren. Oft benütze ich solche Merksätze: *«Das trag ich immer in mir.» «Auch dies kann ich mit einem voll ausgedehnten Gewahrsein wissen.»*

Wir können dem Lauf des Universums vertrauen. Wenn diese Regeln der Liebe wahr sind, dann sind sie wirksam, ob wir mit ihnen einverstanden sind oder nicht, ob wir uns ihrer bewusst sind oder nicht, ob wir in Worten über sie sprechen oder nicht. Die Wirklichkeit der Liebe ist etwas, das du für dich selbst tust, mit Worten oder ohne Worte, und beurteile die Ergebnisse gemäss deiner eigenen Erfahrung. Alle Informationen dieser Art existieren für alle Zeiten im Raum, und für ihre Realität braucht es keine Bücher. Das alles ist stets in dir.

Daraus folgt, dass ich dieses Buch nicht schreibe, weil ich das Gefühl habe, dem entgegentreten zu müssen, was irgendjemand jetzt gerade glaubt. Über alle Überlegungen und Gründe hinaus besteht das Mysterium der Liebe: Du weisst, dass wir alle gleichwertig sind, niemand braucht wirklich irgendeine Hilfe von irgendjemand andern, niemandem muss man etwas sagen oder geben – und dann vollbringst du trotzdem die einfühlsamste Tat, tust das Beste, was in dir ist, für deine Brüder und Schwestern. Ich gebe hier weiter, was mir gegeben wurde, als ich das Gefühl hatte, es zu brauchen: Wenn ich mich so gefühlt habe, fühlt sich vielleicht auch jemand anderer so. Es ist dies ein Brief an meine Schwestern und Brüder, eine Liebesbotschaft und der Versuch zu zeigen, dass die Liebe, auch wenn wir dachten, sie sei ganz und gar nicht am Werk, durchaus vollendet funktionierte.

Es ist eine interessante Übung für unser Denken, das ganze Spiel auf den Kopf zu stellen: Das Problem besteht nicht darin, wie du dich aus der Ebene der Masse befreien kannst, oder wie du zur Erleuchtung kommst.

Die eigentliche Frage lautet: Wenn du doch ein vollkommen freies und selbstbestimmendes Wesen bist, wie kommt es, dass du dich in einen Körper eingeschlossen hast, um auf der materiellen Ebene Spiele mitzumachen? Wie hast du dich selbst und andere dazu gebracht, euch auf dieses Spiel zu einigen? Wie hast du es fertiggebracht, dass es zu einem Zwang wurde?

Manches Mal, wenn ich so schön abgefahren bin, blitzte es in mir auf: Na gut, wenn es so leicht ist rauszukommen, kann ich ja genausogut zurückgehn und das Spiel mitmachen. Vielleicht ist das die höchste Versuchung. Und vielleicht will niemand wirklich wissen, wie leicht es ist, keiner will das Spiel verpfuschen. Möglicherweise spielen wir alle «So tun als ob», spielen wir alle Verstecken.

Die physische Realität ist einer der grössten Horrorfilme, die es gibt, und du weisst, wie gerne wir Horrorfilme mögen. Wenn das Universum, wie wir es von unserer Schwingungsebene aus sehen, illusorisch und nur teilweise wahr ist, dann ist dies um so mehr ein Grund, sich daran zu freuen und es zu lieben, anstatt sich dadurch schocken zu lassen.

Alles, was auf Erden geschieht, kann auf jeder von Tausenden von Schwingungsebenen erlebt werden, von der freudigsten bis zur trübsinnigsten. Wir sind völlig frei, jede Ebene hervorzuheben, die wir uns wünschen. Wir müssen dazu bloss unsere eigene Aufmerksamkeit und Liebe verändern, unsere eigene Ausdehnung und Liebe.

Nachdem das Universum nichts anderes ist als lebende Wesen, von denen jedes seine eigene Schwingungsebene und seine eigenen Beziehungen kontrolliert, gibt es im ganzen Universum überhaupt nichts, das in irgendeiner Weise eine Korrektur erforderte. Wir brauchen uns damit überhaupt nicht abzugeben, was immer es auch sein mag. Überall im Universum gibt es Bewusstsein, und wir können es ruhig allen Wesen überlassen, ihre eigenen Entscheidungen zu treffen. Ganz egal, wie es für uns aussieht, die Liebe verliert die Kontrolle nie: Die Gesetze unserer Beziehungen sind so ehrbar und exakt wie die Gesetze der Physik.

Ich könnte nicht behaupten, ich wüsste im Augenblick, wie alle diese Gesetze lauten. Aber auf einer gewissen Stufe weiss jedermann, dass wir alle genau das bekommen, was uns zusteht.

Die Harmonie ist unendlich, einzig und göttlich. Wo stellst du dir vor, dass du hineingehörst? Sei nicht zu streng mit dir. Ein kleines bisschen Liebe kann weit führen.

So leicht ist man erleuchtet

Was musst du tun, um erleuchtet zu werden? Was sind die Anzeichen dafür, dass du dich erfolgreich bemühst? Wie verändert sich dein Leben, während du allmählich erleuchteter wirst?

Es gibt nichts, was du zuerst tun müsstest, um erleuchtet zu werden.

Alle möglichen Erfahrungen sind schon in dir angelegt. Du kannst dich ihnen jederzeit öffnen, augenblicklich und sofort, indem du einfach da bist.

Aber es eilt nicht. Die völlige Ausdehnung ist immer da, über alle Zeit hinaus, in dir und um dich. Du musst nur dein Gewahrsein öffnen, in dem Tempo, das dir sicher und bequem erscheint. Wenn dir LSD zu schnell ist, mach langsamer. Du bist zuhause. Wir alle gehören zum Universum.

Dir steht nichts im Weg, aber die meisten von uns dürften sich in Etappen öffnen, stufenweise. Wir haben die Tendenz in emotionellen Zyklen aufzusteigen: Nach jedem Ausbruch begeisterter Wirklichkeitswahrnehmung treffen wir wieder auf eine neue und andere Art von Ablehnung in uns, auf das Nächste, das wir lieben lernen müssen. Aber je höher du dich entwickelst, desto leichter wird es.

Die Erfahrung des völligen Gewahrseins, des Raum-Seins, heisst nicht, sich im Augenblick jedes Details im Universum, sich jeder möglichen Beziehung zwischen begrenzten, zurückgezogenen Wesenheiten bewusst zu sein. Raum-Sein bedeutet eine *Bereitschaft,* sich alles nur Erdenklichen gewahr zu werden. Es bedeutet, dass wir keinen Widerstand leisten, keine Vorstellung oder Beziehung ablehnen. Deshalb müssen wir, um Erleuchtung zu erlangen, uns keine bestimmten Ideen oder Erfahrungen, Tugenden oder Leiden aneignen. Alles was existiert, kann mit einem vollständig ausgedehnten Gewahrsein erfahren werden.

Unabhängig davon, wie sehr du dein Gewahrsein eingeschränkt hast: Du bist ein freies und selbstbestimmtes Wesen. Kein anderes Lebewesen, noch irgendeine Gruppe von Wesen kann deine Schwingungsebenen beeinflussen. Es gibt also nichts im Universum, und insbesondere nicht in seinem physikalischen Teil, das deinem freien Willen entgegenstehen könnte. Das heisst, dass die physische Welt keine wie auch immer geartete Macht über dich hat, sie verleitet dich nicht, verdirbt dich nicht, steht der Erleuchtung nicht im Wege, «es» tut dir nichts.

Du bist die einzige Ursache deiner Daseins-Ebene. Deine innere Veranlagung ist niemals festgelegt. Die Empfindung, gegen deinen Willen gezwungen oder manipuliert zu werden, kann nur entstehen, wenn du dich dicht machst, wenn du dein Gewahrsein zusammenziehst. Unsere Wirklichkeit besteht auf jeder Ebene aus all den einzigartig bewussten Wesen, die wir als lebendig wahrnehmen, und der Vorgang der Erleuchtung erweitert unsere Verständnisfähigkeit für andere Wesen, bis wir alles als lebendigen Austausch erfahren. Je mehr wir uns davon abwenden, andere Wesen zu lieben, desto mehr werden wir uns einer «physikalischen» Welt ausgesetzt sehen, desto massebesessener werden wir. Andrerseits, je mehr wir uns unseren Brüdern und Schwestern öffnen, desto weniger starr wird die Welt.

Erleuchtung ist jedes Erlebnis einer Erweiterung unseres Bewusstseins über seine momentanen Begrenzungen hinaus. Wir könnten auch sagen: Vollendete Erleuchtung heisst erkennen, dass wir überhaupt keine Beschränkungen haben und dass das ganze Universum lebt.

Die Schwierigkeit, über diese Dinge zu schreiben, und das Problem bei allen Bemühungen, davon zu sprechen, wie man sie erreichen kann, kommt daher, dass wir versuchen, mit begrenzten Begriffen vom Überschreiten der Grenzen zu sprechen. Erleuchtet zu sein heisst, in einem Zustand beweglichen Gewahrseins zu sein, zutiefst offen. Erleuchtung ist der Vorgang des sich Ausdehnens selbst, nicht die Ankunft auf einer anderen Ebene mit anderen neuen Grenzen.

Eine richtige Art und Weise, wie man «nach» der Erleuchtung das Leben zu betrachten habe, gibt es nicht. Wir sind nicht verpflichtet, irgendetwas zu sein oder nicht zu sein, solange wir in unserem Fühlen und Denken ganz sind.

Was bedeutet das, ganz sein? Es heisst, dass wir bereit sein müssen, das aufzunehmen, das in uns selbst zu enthalten, was immer «gerade anders» ist, als jede begrenzte Idee. Es bedeutet zu wissen, dass, wenn wir ein Positivum betonen, wir gleichzeitig ein Negativum erschaffen. Wenn wir das Wissen zum Ideal erheben, müssen wir uns mit der Unwissenheit herumschlagen, die *gerade anders* ist, als das Wissen. Wenn wir das Ideal der Heiligkeit hervorheben, müssen wir mit der Sünde leben, die ihre Gefährtin ist, und unsere Verantwortung dafür, sie geschaffen zu haben, akzeptieren.

Wenn wir das zu tun ablehnen, bedeutet das eine Zusammenziehung unseres Gewahrseins; wir werden dicht, werden Wesenheiten auf der Masse-Ebene, werden in physische Körper inkarniert. Und wir können das, was wir zu erschaffen abgelehnt haben, nicht beherrschen; es wird unserer Aufmerksamkeit aufgezwungen, ob wir das mögen oder nicht, und so leben wir in einer Welt der Sünde und Unwissenheit.

Wenn wir jedoch dauernd offen und widerstandslos gegenüber solchen Negativa bleiben, sind wir nicht gezwungen, lange mit ihnen zu leben: Wenn wir zugeben, dass Hässlichkeit immer in uns ist, dann sind wir frei, Schönheit zu erschaffen. Wenn wir wissen, dass Dummheit immer in uns steckt, sind wir frei, der Einsicht den Vorzug zu geben.

Liebe ist deshalb die höchste und heiligste Handlung, weil sie immer das in sich selbst enthält, was nicht Liebe ist, sie ist immer und ewig in Bewegung, um das Nichtliebende einzuschliessen.

Wie oft versuchen wir, in unseren Erfahrungen eine Ursache-Wirkung-Kette zu finden, wenn das, was tatsächlich geschieht, nur das Hin-und-Herschwingen sich wandelnder Voraussetzungen ist. Wir mögen etwa eine negative Aufgabe wählen, wie z.B. klösterliche Disziplin, und uns dadurch bereichert fühlen. Oder umgekehrt gehen wir vielleicht einem verführerischen Vergnügen nach und fühlen uns dann betrogen. Nie aber nehmen wir einmal etwas Abstand, um sehen zu können, dass wir nur wie Pendel hin und her schwingen.

Viele unter uns beharren darauf, sich uns selbst nur als freundlich, gut und weise vorzustellen: Wir versuchen Pendel zu sein, die bloss auf eine Seite schwingen.

Das Heilmittel gegen solche wirren Vorstellungen besteht darin, zu lieben: das Leben ohne intellektuellen Widerstand zu erleben, bis wir über die Masse- und Energie-Ebene zur Raum-Ebene aufgestiegen sind. Auf dieser Ebene, wo die Liebe beständig und unser Gewahrsein geöffnet ist, werden wir das Wunder leichter verstehen, wie es möglich ist, Widersprüche, Gegensätze und Paradoxien in sich zu enthalten. Wir werden frei sein, das zu erfahren, was wir wünschen, weil wir es nicht ablehnen, dass wir immer alles das ebenfalls enthalten, was *gerade anders* ist, als das, was wir gewählt haben. Karma heisst nicht, genau «für das bezahlen», was man in der Vergangenheit getan hat. Es kann dir nur passieren, dass du, wenn du deine Schwingungsebene erhöhst, auf die gleiche *Art* von Erfahrungen stossen kannst, vor denen du dich in der Vergangenheit gedrückt hast, oder du triffst auf irgendetwas, das *gerade anders* ist, als das, worauf du dich eben konzentrierst. Wenn du versuchst, dich zu verschliessen, wirst du auf eine tiefere Schwingungsebene zurückfallen. Aber wenn du unerwünschten Ereignissen ruhig entgegensiehst, sie in Gedanken aufnimmst und *dich selbst dafür liebst, dass du sie nicht magst,* dann wirst du weiter aufsteigen. Man könnte sagen, dass du eine Zeitlang deinen schlechten Trip zusammen mit deinem High annehmen musst.

Während du dich bemühst, mit jeder neuen störenden Erscheinung fertig zu werden, und sie liebst, wirst du zu realisieren anfangen, dass nichts von dem bedrohlichen Bösen, das dich geplagt hat, aus der Welt verschwunden ist; aber deine zwangsläufigen Gefühle der Verzagtheit und Hilflosigkeit werden verschwunden sein. Du wirst lernen, deinen Weg um turbulente Schwingungen herum oder durch sie hindurch zu lenken, und zu gegebener Zeit werden sie dir überhaupt nicht mehr begegnen. Du wirst sehen, wie du deine Gefühle und Erfahrungen verändern kannst, indem du verstehst, wie sie mit deiner Bewusstseinsebene in Beziehung stehen.

Zum Beispiel, wenn deine Gefühle nach einem tiefen Liebeserlebnis mit jemandem allmählich schal werden (was besonders wahrscheinlich ist, wenn du zur Zeit high warst mit Marihuana oder LSD), so kannst du das so verstehen, dass ihr euch beide allmählich aus dem Zustand, im gleichen Raum zu sein, zurückzieht, indem ihr jetzt wieder auf einer tieferen Ebene schwingt. Wenn du das weisst, und weisst, dass die gesunkene Stimmung ebenso leicht vorübergehen kann, wie sie gekommen ist, dann ist es weniger wahrscheinlich, dass du deswegen grosse Entscheidungen fällst und dich in Auseinandersetzungen einlässt. Du entspannst dein Bewusstsein und beobachtest, wie alles vorübergeht.

Heutzutage erleben viele von uns vorübergehende

Highs und blitzartige Erleuchtungen, besonders unter dem Einfluss psychedelischer Drogen. Wenn nach solchen euphorischen Momenten die Dinge auf ungewohnte Weise unheimlich werden, lass dich dadurch nicht verwirren. Es könnte ein Zeichen dafür sein, dass du noch höher hinaufgehst.

Inzwischen sollten wir uns darüber klarwerden, dass wir dazu neigen, zu der Schwingungsebene zurückzukehren, auf der wir uns sicher fühlen, wo wir etwas haben, um «damit zu leben». Es ist die Ebene der Stabilität, die Ebene, auf der wir uns gemütlich auf der gleichen Schwingung mit andern fühlen, die verändert werden muss. Und das kann nur durch einen widerstandsfreien Bewusstseinszustand und eine sich beständig ausweitende Liebe geschehen.

Es ist ganz natürlich, dass du auf dem Wege zur Erleuchtung oder einfach zu einem glücklicheren Dasein deine Alltagserfahrungen auf Anzeichen für einen Erfolg hin betrachtest. Denn dein Alltagsleben ist tatsächlich nichts anderes als ein Ausdruck deines geistigen Zustands. Dein Leben wird sich verändern, wenn du liebender geworden bist, aber nicht auf eine genau vorhersehbare Weise. Es kommt nicht so sehr darauf an, was geschieht, als darauf, in welcher Weise du auf das, was geschieht, reagierst.

Eine gute Einstellung gegenüber jedem Ziel ist folgende: Es ist schön, wenn es so kommt, es ist schön, wenn's nicht so kommt. Längst ehe du so weit fortgeschritten bist, dass du dir zutrauen kannst, für deine Zukunft eine Wahl zu treffen, wirst du feststellen, dass du gar nicht mehr so sehr am Vorhersagen interessiert bist. Es wird dir nichts mehr ausmachen, eine wundervolle Erfahrung gehenzulassen, weil Liebe die nächste ebenso beglückend werden lassen wird.

Entsprechend kann man nicht viele spezifische Ratschläge geben, wie ein erleuchtetes Dasein auf Erden aussehen sollte, und ich zögere, über das, was möglich ist, Voraussagen in glühenden Farben zu malen. Wie wir gesehen haben, wandeln sich die Dinge in etwas gerade Anderes, wenn wir völlig bereit sind, einen Zustand herzustellen, aber unser Bewusstsein gegenüber anderen Möglichkeiten verschlossen ist. Auf unserer Masse-Ebene ist es sehr wahrscheinlich, dass dieses «gerade Andere» oft unangenehm ist, und sobald wir versuchen, uns unseren dadurch ausgelösten Gefühlen zu entziehen, kleben wir schon daran fest. Das ist eine Möglichkeit zu erklären, weshalb ideale und schöne Ereignisse aus unserem Leben verschwinden, und die schlechten und trüben bleiben. Und das gleiche gilt beim Vorhersagen einer rosigen Zukunft.

Aber wie unbestimmt und unbeholfen dieser Vorgang auch erscheinen mag, Liebe wird ihn überwinden. Es kann gefahrlos vorhergesagt werden, dass du, während du dich selbst und andere immer mehr lieben wirst, in diesem Leben anfangen wirst, jeden Menschen und jedes Ding als eine vollendete Form zu sehen, genau so, wie sie jetzt sind. Du wirst jeden Augenblick eine reiche Freude empfinden. Und nachdem die Schönheit ja in Wirklichkeit im Auge des Wahrnehmenden liegt, werden auch deine Schwingungen schön sein.

So fühlt man sich gut

Es ist völlig in Ordnung, wenn du's dir gut gehen lässt. Das ist eine der wichtigsten Botschaften der Erleuchtung.

Wir sollten versuchen, die höchste Freude-Ebene zu erfassen, das göttliche Vergnügen sozusagen, bei allem was wir wahrnehmen. Keiner, der sich in einem höheren Bewusstseinszustand befindet, will, dass es irgendjemandem von uns hier auf der Erde schlecht geht.

Es gibt in dir und um dich ein Paradies, gerade jetzt, und um dich darin zu befinden, musst du nicht einen Finger krümmen, ja nicht einmal deinen Blick von dieser Buchseite wenden. Du kannst dich der diamantengleichen Vollendung alles dessen, was du siehst und fühlst, unmittelbar öffnen. Wenn du der Meinung bist, dass das nicht so leicht gehen kann, dann sei einfach liebevoll in jedem einzelnen Augenblick und vertrau darauf, dass es auf dich zukommen wird.

Niemand auf der Raum-Ebene wird jemandem, der versucht, seine eigene Ebene zu heben, den Weg mit Hindernissen oder Prüfungen versperren. Rückblickend mag es so aussehen, als seist du geprüft worden, aber in Wirklichkeit ist dir jederzeit erlaubt, für dich selbst zu entscheiden und das Universum, das für dich wirklich ist, selbst zu bestimmen.

Höher entwickelte Wesen sind nur noch so froh, wenn du dich liebend genug zeigst, um höher aufzusteigen. Du wirst jede erdenkliche Hilfe und Möglichkeit erhalten, wenn du darum bittest, ganz gleichgültig, ob du fragst, indem du LSD nimmst, oder indem du einfach betest oder einen Brief an den Weihnachtsmann schreibst, oder auf irgendeine andere Art. Niemals wird von dir verlangt, dich zu kasteien oder zu quälen. Du musst überhaupt nichts beweisen. Du *kannst* gar nichts beweisen: deine Schwingungen sprechen immer die Wahrheit, du kannst keinem was vormachen.

Und es ist so leicht, auf den Schwingen der Liebe höher zu steigen. Wie überzeugend auch immer irgendeine Wahrnehmung irgendeiner Wirklichkeitsebene erscheinen mag, wie überwältigend, feingewebt und vielfältig auch immer, du nimmst doch stets nur einen Bruchteil unserer wirklichen Realität wahr: nur wir selbst sein, widerstandslos, unabhängig, allesliebend.

Auch auf sexuellem Gebiet ist es in Ordnung, wenn du dir's wohl sein lässt. Ein befriedigender Orgasmus ist in Wirklichkeit viel eher eine geistige Verwirklichung als irgendeine Leistung. Das Fleisch ist nicht vom Geist losgelöst. Der Körper ist eine ekstatische Schöpfung vieler Wesen, die auf anderen Bewusstseinsebenen schwingen. Ein tiefer Orgasmus ist eine Verwirklichung der Liebe auf vielen Ebenen, einschliesslich derjenigen, von der viele von uns als der «tierischen» denken. Liebe – sich mit andern auf die gleiche Raumebene oder in die gleiche Schwingung begeben – ist die Grundlage unseres Seins und kann eine unendliche Anzahl von Formen annehmen. Wie bei allen anderen Erfahrungen haben wir immer genau die sexuellen Erlebnisse, die wir verdienen, je nachdem, wie sehr wir uns und andern gegenüber liebende Annahme aufbringen können.

Die sexuelle Ekstase kann als ein Spiegelbild unserer seelischen Auflösung im Raum unserer göttlichen Brüder und Schwestern in höheren Ebenen der Ausdehnung angesehen werden. Die körperliche Liebe ist ein Beispiel dafür, wie die Raumbeziehungen von uns verlangen, uns in Liebe aufzugeben, und die Unterschiede und Unvollkommenheiten und Schönheiten anderer Wesen in uns aufzunehmen.

Wenn das so ist, weshalb wird dann so oft die Askese als ein spiritueller Pfad empfohlen, und weshalb scheint dies auch manchmal zu funktionieren? Wie wir im vorigen Kapitel gesehen haben, besteht viel Aussicht, dass du, wenn du sehr stark in eine bestimmte Richtung vordringst, in einen Zustand eingeschwenkt wirst, der gerade anders ist als der, den du anstrebst. Wenn du darauf beharrst, nur sinnliche Vergnügungen haben zu wollen, wirst du, ausser, wenn du dich ganz öffnen kannst, in einen Zustand geraten, in welchem die Askese als der richtige Weg erscheint. Und wenn du in der Askese weit genug fortschreitest, kannst du dich in Glückseligkeit und Ekstase gestürzt fühlen, wie viele Heilige berichtet haben.

Auch wenn du dich laut genug beklagst, wird dir ein blitzartiger Einblick ins höhere Bewusstsein gewährt. Wenn du dir selbst Nahrung, Sex, Kommunikation oder Schlaf verweigerst, bedeutet das sozusagen, dass du in der Zentrale meldest, dass deine Lebensform nicht funktioniert, und es ist möglich, dass dir eine kurze Rückkehr in den Raum gestattet wird, um das abzuklären. Aber solche kurzen Flashs sind nicht das ganze Licht, so überzeugend sie auch empfunden werden mögen, und obwohl sie im Augenblick den Hauptanteil davon ausmachen, was die Menschheit über Raum weiss. Und diese Flashs sind nichts, worauf man sich verlassen kann, sie sind nicht gerade der angenehmste Weg, um nach Hause zu gelangen. Du wirst nicht imstande sein, auf höheren Ebenen zu bleiben, wenn du durch eine so starke Betonung des Negativen dorthin gelangt bist.

Du magst dich mit noch so hoch-intelligenten Rationalisierungen trösten, warum du wieder auf die Erde zurückkommst: die Askese wird dich immer wieder auf die physische Ebene zurückbringen, bis du genügend lieben kannst, um über sie hinaus auf einen positiven Weg aufsteigen zu können. In der Tat ist es die Liebe selbst, die der positive Weg zum Raum *ist*. Es gibt keine Weisheit oder Heiligkeit, die je bei uns oder anderen als Entschuldigung für einen Mangel an Liebe dienen könnte.

Und auch in sexuellen Beziehungen überwindet die Liebe den Pendeleffekt, den Wandel von Yin und Yang, und schliesslich haben wir eine vernünftige Erklärung, weshalb die Liebe das erste Motiv in der Sexualität sein muss. Aber Liebe mit diesem Ziel ist sehr viel umfassender, als romantische Leidenschaft, und sie muss damit beginnen, dass du dich selbst liebst. Wenn du alles, was du empfindest und tust, einschliesslich deiner gefühlsleeren und niedergeschlagenen Stimmungen, liebst, wird deine Freude immer wieder zurückkehren. Wenn dir Sex nichts bringt, dann heisst das einfach, dass du in diesem oder einem andern Leben zuviel Gewicht auf die andere Seite der Waage gelegt hast. Es ist die Tätigkeit des Zusammenziehens deines Gewahrseins, die jeden Umstand zum Zwang werden lässt.

Es ist auch wichtig, andere wegen ihrer Fleischeslust nicht zu verurteilen. Was du andern missgönnst, wird dir selbst vorenthalten werden, und zwar aus dem einfachen Grunde, dass du dir immer deine eigenen Gesetze schaffst: Alle deine Äusserungen und Taten bestimmen die Umwelt, in der du zu leben wünschst. Eines der unabdingbaren Gesetze für unsere Beziehungen als gleichwertige Wesen ist folgendes: Was du sagst, gilt – aber nur für dich und diejenigen, die mit dir einig sind. Wenn du sagst, einer, der es nicht verdient hat, sollte keine Hilfe erhalten, so wird das denjenigen, den du meinst, nicht weiter stören, aber es wird für dich gelten: Du wirst keine unverdiente Hilfe erhalten. Wenn du findest, die sexuellen Freuden anderer seien vulgär, wird dies ihre Erlebnisse nicht beeinflussen, aber deine Freuden werden vulgär werden. Gerade diese unbegrenzte Macht, deine Erfahrungen selbst zu bestimmen, setzt dir Grenzen. Wieviel Mitgefühl und Vergebung möchtest du für dich selbst? Schenke sie anderen! Vergib allen Wesen ihre karmischen Schulden dir gegenüber. Gewähre andern die Freiheit, das Bewusstsein und die Liebe, die du für dich selbst beanspruchst.

Die Musik kann uns lehren, wie wir Freude und Ekstase aufrechterhalten können. Normalerweise neigen wir zu der Vorstellung, dass ein Augenblick euphorischen Erkennens unerträglich sei, und es nicht möglich wäre, ihn fortdauern zu lassen. Er entschlüpft uns und wir versuchen ihn wieder zu erhaschen. Das kommt davon, dass wir ihn nicht gerne fahrenlassen, weil wir die Vorstellung, weit von ihm entfernt zu sein, nicht akzeptieren wollen. Aber wenn wir uns das Beispiel der Musik vor Augen halten, wo wir den einen Klang vorübergehen lassen, um den nächsten hören zu können, dann kann unser Entzücken stetig sein, obwohl die Schwingungen abwechseln.

Wenn wir der Welt «lauschen» und sie auf uns ohne Entweder-Oder-Urteile und -Vorstellungen wirken lassen, können wir lernen, jeden Augenblick der Freude als einen Klang in der unendlichen Harmonie zu begreifen. Das Weltorchester spielt die bekannten Melodien immer und immer wieder, und die Alten stehen herum und klopfen mit dem Fuss den Takt dazu, während die Jungen tanzen.

Lebensretter

Ehe wir weitergehen, wollen wir noch etwas ausführlicher auf einige der grundlegenden Verhaltensweisen eingehen, die im Lauf der bisherigen Kapitel aufs Eis gelegt worden sind. Ich habe nicht die Absicht, jemanden zu veranlassen, alle die vielfältigen Gedankengänge in diesem Buch auswendig zu lernen. Aber ich empfehle dir, dir die im folgenden kursiv gedruckten Zeilen einzuprägen. Sie sind einfach genug; du kannst sie also behalten, und sie werden in jeder seelischen Krise funktionieren. Halte sie in deinem Kopf bereit.

Einer meiner psychedelischen Ausflüge begann mit einem Fehlstart und ich versank in einen richtig teuflischen Horrortrip. Als ich mir die Leute um mich herum anschaute, wie sie böse, eingeschrumpelt, farblos, alt und unheimlich wurden, dachte ich plötzlich: «*Na, was hast du dir denn vorgestellt, wer es nötig hat, geliebt zu werden?*» Und ohne weiteres gingen die Türen auf und ich war im Paradies.

Kein Widerstand. Das heisst nicht, dass du physisch passiv sein musst oder schmählich schlechte Schwingungen oder Absteller erdulden sollst. Es heisst, dass in deinem Denken kein Widerstand sein soll. Sei frei in deinem Kopf, handle aus Liebe heraus, und mach das, was dir ein gutes Gefühl gibt. Es gibt keine Handlungsweise, die in jedem Falle richtig oder falsch wäre: Die einzige wirkliche Variable ist die Liebe, aus der heraus du handelst. In dem Mass, wie du dein Gewahrsein öffnest, wird sich das Leben selbst verbessern, du brauchst dich nicht einmal darum zu bemühen. Es ist ein wundervolles Paradoxon: Je weiter du dein Bewusstsein öffnest, desto weniger unangenehme Ereignisse werden sich deinem Gewahrsein aufdrängen.

Liebe so viel du kannst von da aus, wo du auch immer sein magst. Dich an diesen Satz zu erinnern ist besonders gut, wenn du dich ängstlich oder unzurechnungsfähig fühlst oder irgendeinen schlechten Stoff genommen hast. Schreib ihn in deinem Zimmer an die Wand. Es kann sein, dass du das, was du siehst oder fühlst, ganz und gar nicht lieben möchtest, es könnte sein, dass du dich überhaupt nicht davon überzeugen kannst, dass du es lieben könntest. Aber beschliesse einfach, es zu lieben. Sag dir laut vor, dass du es liebst, sogar wenn du nicht daran glaubst. Und sage: «Ich liebe mich dafür, dass ich das hasse.»

Liebe es so, wie es ist. Wie du die Welt siehst, hängt völlig von deiner eigenen Schwingungsebene ab. Wenn sich deine Schwingung verändert, schaut die ganze Welt anders aus. Es ist wie an jenen Tagen, an denen dir jeder zuzulächeln scheint, weil du dich glücklich fühlst. Du kannst deine Schwingungsebene heben, indem du mehr Liebe empfindest. Fang damit an, deine negativen Gefühle zu lieben, deine eigene Langeweile, deinen Trübsinn und deine Verzweiflung. Es ist schwierig, das zu glauben, aber es nützt gar nichts, den *Inhalt* deiner Gedanken zu verändern, um die Ebene deiner Schwingungen zu verändern.

Es ist nutzlos, zum Zweck einer Gewahrseinssteigerung deine Vorstellungen, deinen Glauben, dein Verhalten, deinen Wohnort oder deine Freunde zu wechseln.

Es ist weder Willkür noch ein Zufall, dass du genau da bist, wo du bist. Deshalb schadet es gar nichts, wenn du dir erst mal über dein Verhalten klar wirst, ehe du an eine Veränderung denkst. Sonst könnte es dir passieren, dass du die ganze Schöpfung nach dem richtigen Platz für dich absuchst, und du feststellen musst, dass du dich nicht einmal im Meer der Ewigen Glückseligkeit am rechten Platz fühlst.

Du nimmst dich selber mit, wohin du auch immer gehst. Wie es im Zen heisst: Wenn du es dort nicht finden kannst, wo du bist, wo willst du hingehen, um es zu suchen? Es gibt nie irgendeinen andern Platz im Universum für dich, als unter deinesgleichen. Die Richtung des Wandels, die du suchen musst, liegt nicht in einer unserer vier Dimensionen: Es bedeutet tiefer in das hineinzugehen, was du bist und wo du bist, so wie wenn man die Lautstärke bei einem Verstärker aufdreht.

Liebe dich selbst. Aber ist denn nicht die Definition der Liebe: Sich im gleichen Raum mit *andern* befinden? In Wirklichkeit enthält vieles von dem, was wir für uns selbst halten – unser Körper, unser Denken, unser Fühlen – Milliarden von anderen Wesen. Das Ich-Bewusstsein eines menschlichen Körpers zu sein ist ein bisschen wie der Bürgermeister einer Grossstadt zu sein. Das Ego ist nicht das einzige Gewahrsein, das sich mit dem Überleben und dem Funktionieren unseres Körpers beschäftigt.

Wir sind als individuelle einzigartige Wesenheiten frei, jede Gruppe zu verlassen, also auch jene Gruppe, die unsern Körper bildet, aber wir werden auf jeder Ebene, auf die wir uns begeben, andere Wesen finden, mit denen wir harmonisieren können.

Wenn du dein *Selbst* liebst, dann dehnst du dich in Liebe wirklich in viele andere Wesen aus. Und je liebender du selbst bist, desto liebender sind die Wesen in dir und um dich. Auf allen Ebenen sind wir gegenseitig voneinander abhängige Schwingungen. Spiel eine fröhliche Melodie, und fröhliche Tänzer werden sich deinem Trip anschliessen.

In einem anderen Sinn bedeutet das Sich-selbst-lieben eine Bereitschaft im gleichen Raum mit deinen eigenen Schöpfungen zu sein. Wie zusammengezogen würdest du werden, wenn du versuchtest, dich von deinen eigenen Ideen abzuwenden?

Dich selbst lieben hat aber nichts damit zu tun, dein Ego aufzubauen. Egoismus heisst, dass du dich als wertvoll beweisen musst, nachdem du in Selbsthass versunken bist. Dich selbst lieben wird dein Ego auflösen: Du wirst keine Notwendigkeit mehr empfinden, deine Überlegenheit beweisen zu müssen.

Wie wir hierhergekommen sind

Wir haben eine ganze Flut von Vorstellungen und Namen für viele verschiedene Arten menschlichen Verhaltens, aber das meiste was wir tun, folgt gewissen allgemeinen Regeln von Ausdehnung und Zusammenziehung. Wie ich schon sagte, stammen diese Regeln nicht von irgendwoher ausserhalb von uns selbst. Wenn wir begreifen, dass wir gleichwertige Wesen sind, folgen daraus notwendigerweise gewisse Wahrheiten über unsere gegenseitigen Beziehungen. Wir könnten diese Wahrheiten die Quellen von Redlichkeit und Gerechtigkeit nennen, aber solche Bezeichnungen spielen keine Rolle. Es muss einfach so sein, wenn dieses Lebens-Universum überhaupt bestehen soll. Es erscheint zwecklos, mit Worten den Versuch zu unternehmen, davon überzeugend zu sprechen, wenn man dem gegenüberstellt, was du selbst davon verstehen wirst, wenn du in der Meditation oder high mit Psychedelika auf diese göttliche Ordnung und Gerechtigkeit stossen wirst. Ich kann nur eine begrenzte Spekulation darüber anbieten, wie sich diese Regeln in unserer menschlichen Erfahrung äussern.

Die Idee der Gleichheit wurde oft so verstanden, dass man auf den niedersten gemeinsamen Nenner absinken oder sich mit einem charakterlosen allgemeinen Mittelmass abfinden müsse. Gleichwertigkeit, wie ich sie verstanden haben möchte, bedeutet unser Zusammenkommen auf der höchsten Stufe des Gewahrseins, im reinen Raum, ohne Bindung oder Widerstand, in vollständiger Freiheit der Erfahrung und des Bewusstseins, das Eintauchen gemeinsam mit andern in die Art Ekstase oder Ruhe, die wir wählen. Auf allen Schwingungsebenen, die niederer als die höchste sind, gibt es die Illusion verschiedener Mengen und Werte, von grösserer oder geringerer Liebe, Intelligenz und Macht. Wir erscheinen einander gemäss den Schwingungen, die zu betonen wir uns entschlossen haben, aber als Möglichkeit sind wir alle gleichwertig.

Wenn das stimmt, weshalb sind wir dann so tief in die Masse-Ebene geraten, dass die physische Wirklichkeit wie die einzige Realität aussieht? Und dass die hier geäusserten Ansichten über den Raum wie eigenartige und nicht zu bestätigende Fantasien klingen? Was die Bestätigung angeht, so glaube ich, dass die Vorstellung von gleichwertigen Wesenheiten zu einer Wiedereingliederung von ohne weiteres zugänglichen Daten in die Physik führen kann, und dass wir dann aus dieser Information Schlüsse ziehen können, um die Gesetze unserer Beziehungen auf einer universellen Skala zu beschreiben. Unterdessen muss ich mich mit einigen groben

Vermutungen darüber begnügen, wie wir zuerst einmal auf die Masse-Ebene gelangt sind.

Wir können mit einem Paradox auf der höchsten Ebene anfangen: Ausgedehnte Wesen, völlig widerstandslos, sind auch völlig unwiderstehlich. Raum-Wesen lassen anderen Wesen alles zu, aber wenn sich einer von uns zusammenzieht, wird er entsprechend dem Mass seines Zusammenziehens auch dichter, und es scheint ihm so, als würde er von den Raum-Wesen *fortgetrieben.* Das Empfinden, fortgetrieben und später auch gezwungen zu werden, ist einzig und allein durch die Dichte der zusammengezogenen Wesen bedingt. Raum-Wesen haben nicht die Absicht, irgendjemanden dazu zu treiben oder zu zwingen irgendetwas zu tun.

Alle erdenklichen Universen in allen erdenklichen Dimensionen bestehen in dem Einen Mind als reine Idee oder als Archetypus. Wenn jemand von uns sich von der *Bereitschaft,* irgendeinen Aspekt dieses Urbildes zu erschaffen, abwendet, fällt er auf eine niedrigere Schwingungsebene. Um das anschaulich zu machen: Stell dir vor, wir seien eine grosse Zahl von Energie-Wesen, denen die Idee des Disney-Hundes Pluto nichts sagt. Nachdem wir dichter sind als die Raum-Wesen, würden wir fortgetrieben und würden im Raum als schwebende, blitzende Abbilder von Pluto erscheinen, vielleicht wie eine Art Feuerwerk anzusehen.

Stell dir nun vor, einige von uns wären gegenüber der Vorstellung des Hundes Pluto nicht nur gleichgültig, sondern würden sie *ablehnen* und würden sich auf die Masse-Ebene zurückziehen. Nachdem unsere Masse noch dichter ist, als die Energie, ist sie gezwungen, die Form des Abgelehnten anzunehmen, und siehe da, schon haben wir die physische Manifestation von Pluto. Auf diese Weise wird das auf der physischen Ebene manifest, was auf einer Ideen-Ebene, auf der Raum-Ebene, abgelehnt wird.

Natürlich ist die Wahrheit nicht ganz so «gebrauchsfertig verpackt», wie das hier klingt, aber du merkst, was ich meine. Der Raum scheint die Energie anzutreiben, und die Energie scheint die Materie zu zwingen. Aber ohne die Dichte stärker zurückgezogener Wesen können diese Reaktionen nicht eintreten. Indem du deine Fähigkeit, dir eine Vorstellung zu erschaffen, leugnest, oder jemandem anderen die Freiheit verweigerst, dies zu tun, sinkst du auf eine Schwingung ab, wo nicht nur Pluto sichtbar ist, sondern auch eine Menge anderer materieller Gestalten. Es ist die Ablehnung der Wahrheit, was die Büchse der Pandora öffnet.

Du brauchst nicht anzunehmen, dass du persönlich jedes jämmerliche Ding, das auf Erden auftritt, verleugnet hast: Wenn du Kaffee ablehnst, wirst du zwangsläufig auch in die Realität von Tee und Kakao verwikkelt. Da gab es *etwas,* das dich erschreckt hat, oder noch wahrscheinlicher eine ganze Reihe von Ideen, die nachzuvollziehen oder zu lieben du nicht willens warst, und so fielen deine Schwingungen allmählich zu einer Masse-Ebene ab, und du fandest dich als Körper-Wesen wieder. Aber es gibt nichts, das dich auf dieser Masse-Ebene zurückhalten würde, auch wenn du noch so oft die Empfindung hattest, von andern Massen, von Energie und von Raum gestossen oder gezogen zu werden. Es sind dein eigenes Nichtwissen, deine Dichte, die es möglich machen, dass du geschoben wirst. Du kannst keinen Schmerz empfinden, solange du nicht dumm bist. Schmerz ist die Erfahrung, nicht dazu fähig zu sein, mit andern in den gleichen Raum zu kommen.

Aber alles, was du tun musst, um frei von Schmerz, um «nichtdumm» zu werden, ist gewillt zu sein, all dessen gewahr zu werden, was in dein Bewusstsein tritt.

Es gibt viele Ereignisse im irdischen Alltagsgeschehen, bei denen wir sehen können, wie der Vorgang von «Zwang-durch-Ablehnung» funktioniert. Von all den Paradoxa, mit denen wir uns auf der materiellen Ebene herumschlagen, ist vielleicht eines der verblüffendsten der Misserfolg guter Vorsätze. Gute Menschen versuchen Gutes zu tun und erreichen das Gegenteil. Friedfertige junge Leute werden eingesperrt, spirituelle Gemeinschaften werden angegriffen und aus Blumenkindern werden Bombenleger. Oftmals folgten im Lauf der Geschichte auf einen spirituellen Aufschwung Blutvergiessen und Verfolgung. Vielleicht können wir jetzt verstehen, weshalb diese Dinge geschehen.

Was in deinem Denken keinen Platz hat, ist auch deiner Kontrolle entzogen. Was du in deinem Gewahrsein nicht erfassen kannst, über das wirst du auf deinem Weg stolpern. Gewalttätige Menschen sind genau diejenigen, die es zu einem bestimmten Zeitpunkt ablehnen, anzuerkennen, dass sie gewalttätig sein könnten. Es kann auch geschehen, dass du selbst ein Opfer der Gewalt wirst, wenn du nicht anerkennen willst, dass Menschen Gewalt zum Opfer fallen, weil du dir ja nicht genügend darüber bewusst bist, wie es geschieht, um es vermeiden zu können. Alles was sich manifestiert, ist da, weil wir uns geweigert haben, anzuerkennen, dass wir es verursachen, oder einem andern die Freiheit verweigert haben, dies anzuerkennen. Obwohl dies schwer zu glauben ist, besteht der Ausweg nicht darin, weiterhin Widerstand zu leisten, indem wir sozusagen nur die Möbel umstellen, sondern in einer bereitwilligen Anerkennung des Vorhandenen, kurz: indem wir es lieben. Was wir natürlich von Anfang an hätten tun sollen.

Unglücklicherweise versuchen die meisten Leute mit guten Absichten, das was bereits manifest ist, zu verleugnen oder auszurotten. Und viele spirituelle Erneuerungsbewegungen verleugnen noch intensiver die Tatsachen unserer Schwingungsebene.

Was können wir in bezug auf das Böse tun? Recht viel, wenn unsere Köpfe klar sind. Mein allumfassender Leitsatz lautet: «*Diese* Erfahrung würde ich dem Einen Mind nicht verweigern.»

Wenn du dir verstandesmässig über diese Sache klar geworden bist, dann tu, was immer dir gefühlsmässig richtig erscheint. Das Böse tritt als eine sekundäre Wirklichkeit auf, nachdem du dich auf eine tiefe Schwingungsebene zurückgezogen hast. Das Verführerische des Bösen besteht ganz genau darin, dass es uns dazu verleitet, den Versuch zu machen, es zu eliminieren.

Wenn dein Bewusstsein offen ist, hat alles, was du in bezug auf das Böse unternimmst, nicht mehr Bedeutung, als wenn du eine Rinne gräbst, um Überschwemmungswasser von einem Haus abzuleiten. Geh auf jeden Fall zum Arzt, wenn du krank bist, verunmögliche es, wenn dich jemand zu verletzen versucht; bitte missliebige Menschen, dein Haus zu verlassen, zettle eine Revolution an: was auch immer du unternimmst, halte dein Gewahrsein offen, und sei dir bewusst, dass sich dein Übel in deinem Leben manifestiert hat, weil deine

Liebe gefehlt hat. Der wahre Feind, wenn es überhaupt einen gibt, liegt in dir selbst, in deinem Unvermögen, genug zu lieben. Aber in unserer Auseinandersetzung mit dem Bösen ist kein moralisches Urteil enthalten. Wenn du dich weigerst anzuerkennen, dass es Autos gibt, wirst du von Autos angefahren werden, aber nicht etwa, weil du sündig oder neurotisch bist, sondern einfach, weil du nicht auf die Autos achtest. Du wirst sie nicht kommen sehen.

Einige Leute meinen: «Gedanken sind Dinge», und dass man negative Gedanken vermeiden müsse, weil sie sich sonst verwirklichen könnten. Wie wir schon gesehen haben, sind Gedanken gewiss sehr mächtig, wenn ausgedehnte Wesen sie denken. Aber der Versuch, uns von Gedanken abzuwenden, hat uns in erster Linie dazu geführt, auf einer Masse-Ebene inkarniert zu werden. Wenn du negative Gedanken vermeidest, werden sie sich früher oder später physisch bemerkbar machen. Es ist dein Widerstand gegen den negativen Gedanken, ob dir das zu Bewusstsein kommt oder nicht, der ihn sich in deinem Leben manifestieren lässt.

Was habe ich auf einer Bewusstseinsebene zu suchen, wo so etwas Wirklichkeit ist? Dies ist die erste Frage, die du dir stellen musst, wenn du etwas Hässliches, Übles oder Dummes gewahrst. Wir stehen immer mit uns Gleichwertigen in Verbindung, und die Gerechtigkeit der Liebe ist immer vollkommen. Das Universum ist ein unendliches Geflecht vollendet geordneter Liebes-Beziehungen, und wenn du liebend genug bist, steigst du höher. Du brauchst dazu gar nicht etwa zu warten, bis deine Lebenszeit vorüber ist. Deine Bewegung als Wesen geht nicht horizontal durch die Zeit, um es so zu sagen. Alle Bewusstseinszustände sind hier und jetzt zugänglich. Jede Möglichkeit der Vergangenheit und Zukunft besteht zeitlos, ist immer da, und du aktivierst deine Wirklichkeitsebene durch deine eigenen Schwingungen.

Zu sein, wer du bist, bedeutet ein Juwel vollendeter Ekstase. Du bist auf der Bewusstseinsebene, die die grösste Freude und Ekstase, die zu akzeptieren du fähig bist, enthält. Unabhängig davon, was ich mir selbst sage, oder was ich zeitweise erlebt habe, besteht im Augenblick mein grösstes Vergnügen darin, ohne einen Pfennig in einer Bude in San Francisco zu sitzen und dieses Buch zu schreiben.

Versuch's doch mal mit folgenden Sätzen während einer Meditation: *Ich überlasse mich dieser Wirklichkeit. Ich habe keinen Widerstand gegen diese Wirklichkeit. Ich bin eins mit dieser Wirklichkeit. Ich überlasse mich der Gerechtigkeit unserer Gleichwertigkeit. Ich habe keinen Widerstand gegen die Gerechtigkeit unserer Gleichwertigkeit. Ich bin eins mit der Gerechtigkeit unserer Gleichwertigkeit.*

Selbst-Verbesserung

Ich hoffe, du wirst es ermutigend finden, zu erfahren, wie sich diese allgemeinen Ideen anwenden lassen, um Übel in dir selbst zu eliminieren, und zu einer spirituellen Selbst-Verbesserung zu gelangen. Je mehr schlechte Gedanken und Gefühle du bei dir selbst auszurotten versuchst, desto zahlreicher werden sie vorhanden sein.

Nachdem ich selbst bestimmte Tätigkeiten bevorzuge, muss ich aufpassen, dass ich diese nicht als Vorschriften weiterempfehle. Deshalb muss ich in diesem Kapitel noch persönlicher werden und meine Voreingenommenheit deutlich erklären. Ich *bin* träge, und es ärgert mich, wenn ich sehe, wie sich Leute mit Methoden, die ja doch nicht funktionieren, eifrig abmühen, zu einer Selbstverbesserung zu gelangen, und mich dann noch dazu drängen wollen, dasselbe zu tun. Oft sind es die reizendsten Leute, und ich würde mich ihnen liebend gern anschliessen, wenn ich der Ansicht wäre, dass sie Erfolg haben könnten. Andrerseits könnte es aber auch sein, dass sie *wissen,* dass sie mit ihren Methoden ihr Ziel nie erreichen können, und ich der Narr bin, weil ich das bekannt mache, was jeder im Geheimen längst weiss. Wenn wir diese Spielchen nicht hätten, wäre es doch direkt langweilig, nicht wahr? Mein Spiel besteht darin, dass ich sinnlose Spiele verweigere; und das könnte das sinnloseste von allen sein.

Offensichtlich besteht hier die Gefahr, sich im Kreis zu bewegen, aber wenn jemand anderer das wüsste, was in diesem Kapitel stehen soll, würde ich ihn bitten, es mir zu sagen, und so muss ich eben dieses kleine Risiko auf mich nehmen.

Als Struktur bezeichne ich jede Beziehung zwischen Wesenheiten, die es vermeidet, sich aufzulösen. Das Selbst, das dir als Wesen bekannt ist, ist eine Struktur, ein Organismus aus Milliarden von Wesenheiten.

Etwas Merkwürdiges an den Strukturen ist, dass sie sich sowohl bei Erfolg als auch bei Misserfolg aufzulösen pflegen, so dass das Problem, wenn man eine Struktur behalten möchte, darin besteht, eine Spannung irgendwo zwischen diesen beiden Extremen aufrechtzuerhalten.

Die Vorstellung, dass sich Strukturen auflösen, wenn sie zum vollen Erfolg gekommen sind, kam mir zunächst eigenartig vor und ich legte eine Liste rasch zusammengetragener Beispiele dafür an: Ein siegreiches Imperium zerfällt unweigerlich in kleinere Teile oder bricht zusammen, wenn es auf dem Gipfelpunkt seiner Macht angelangt ist und gegen keinen Widerstand mehr ankämpfen muss. Ein Mann erbt grossen Reichtum und «ruiniert» sich selbst durch Verschwendung. Das Genie schnappt über. «Macht verdirbt». «Die Guten sterben jung», Religionen zerfallen in Schismen und Ketzereien. Eine dominante Rasse stirbt auf mysteriöse Weise aus. Eine Zelle teilt sich. Der Magier wird verrückt.

Deshalb sind die Leute misstrauisch gegenüber Erfolg und Macht, die zu leicht erlangt worden sind. Auf einer gewissen Ebene ruft die Struktur eine selbstauferlegte Begrenzung des Erfolges hervor, die auch Erfolg auf dem Weg zu geistigem Gewahrsein einschliesst. Die geistigen Führer predigen uns immer wieder, dass das Ego sterben muss, um wiedergeboren zu werden, aber wir bremsen. Die Struktur erhält sich selbst.

Das Ego, die geistige Struktur, «fühlt sich wohler», wenn es mit den Spannungen der Bedrohung seiner selbst zu kämpfen hat. Wir fühlen uns «high» und energiegeladen, wenn wir uns von negativen Möglichkeiten auf die Probe gestellt fühlen: Harte Arbeit, Disziplin, Delta-Fliegen, Rennfahren, Kriege (bis auf Vietnam – die Nord-Vietnamesen wurden davon high – die Vereinigten Staaten nicht, weil sie nicht bedroht waren), Krankheit, Fasten, Askese, Glücksspiele, Drogen, sorgloses Autofahren, Streitgespräche, Verfolgungswahn (eingebildete Bedrohungen), Beschäftigung mit dem Teufel und Schwarze Magie und so weiter.

Wenn die negative Abgrenzung zu weit geht, wird die Struktur natürlich zusammenfallen, aber irgendwie kümmert uns das wenig. Wir mögen es, uns über die Gefahren fürs Überleben des Menschen Sorgen zu machen. (Ausser, es sei eine echte Gefährdung wie die Atombombe oder der Bakterienkrieg. Dann ist das Risiko «unreal», wir zögern, darüber nachzudenken.)

Normalerweise ist es das, womit wir nicht einverstanden sind, was uns hilft, uns zu definieren, und herauszufinden, was wir sind. Und wir identifizieren andere durch das, was bei ihnen nicht stimmt: Wir beobachten so lange, bis wir irgendeinen Unterschied herausgefunden haben zwischen «uns» und «ihnen». Tugenden sind bei andern unsichtbar, nicht wirklich von Interesse.

Wir Menschenwesen haben – beinahe als einzige Gattung – das Problem, die negative Spannung aufrechtzuerhalten, dadurch gelöst, dass wir selbst unsere schlimmsten Feinde sind. Niemals können wir die «menschliche Natur» in uns selbst oder andern gänzlich überwinden, und so geht das Spiel weiter. Es ist offensichtlich, dass uns all die garstigen Tatsachen des Lebens, über die wir uns beklagen, eine Befriedigung verschaffen: Deshalb werden Zeitungen gekauft.

Die Betonung des Negativen ergibt eine gestärkte Struktur und ein stärkeres Ego. Obwohl einige dieser Aktivitäten sogar unter dem Banner geistiger Wahrheitsuche durchgeführt werden, wie etwa die Selbstverleugnung, bleibt das Ergebnis das gleiche. Auf einer feineren Ebene wissen wir, dass die meisten geistigen Abenteuer nicht erfolgreich verlaufen werden, aber wir erhalten die Einbildung aufrecht, dass sie bewundernswert seien. Viele von uns haben überhaupt nicht die Absicht, *wirklich* ihre Bindung an die Struktur erfolgreich aufzulösen und sich auf eine andere Daseinsebene zu begeben.

Was ist aber mit denjenigen, die mit Weisheit und Ernst eifrig mit traditionellen Methoden nach Erleuchtung streben? Nachdem wir wissen, dass negative Methoden zum High-Werden nicht zu einer stabilen

Raumerfahrung führen, woran liegt es denn, dass Yoga zum Erfolg führt?

Der Grund, weshalb Yoga funktioniert, sofern es das tut, ist in der Liebe zu finden, die zwischen Lehrer und Schüler zum Ausdruck kommt, und in der bereitwillig entgegengebrachten Aufmerksamkeit des Schülers. Wenn du deine Erfahrung auf Phänomene beschränkst, die du anzuerkennen völlig bereit bist, wie z.B. das, was eine Höhle in Tibet enthält, wirst du bestimmt früher oder später high werden.

Aber im Augenblick, indem du dich vor die Höhle begibst, wirst du feststellen, dass sich die Leute genau gleich verhalten, wie zuvor. Und wenn du nicht bereit bist, die Ursache für ihr Verhalten zu sein, und sie nicht so liebst, wie sie sind, wird deine Schwingungsebene wieder absinken. Und dann wirst du predigen, wie schlecht doch die Welt sei, wie verdorben die Städte, wie sündig die Menschen.

Sofern wir uns ernsthaft über das Böse Gedanken machen – nicht bloss als ein Spiel mit negativer Spannung – sollten wir einsehen, dass wir uns über das Böse als *physische* Manifestation keine Gedanken zu machen brauchen: Solche Manifestationen haben nämlich ihre Ursache in Vorstellungen auf der Raumebene, die in zeitloser Möglichkeit existieren. Als *Konzept* ist das Böse wirklich und ist immer in uns. Wenn wir nicht auf der Erde lernen können, mit ihm umzugehen, werden wir sogar im Himmel davon geplagt sein.

Auch wenn du nicht gerade nur deine Struktur auf die Probe stellst, wird dich das *Motiv* für deine Selbstreinigung – nämlich, dass du dich geistig unrein fühlst – daran hindern, irgend einen Erfolg zu erzielen, bis du gelernt hast, die Unreinheit, mit der du begonnen hast, zu lieben. Kann irgend ein Wesen ernsthaft glauben, es könne sich durch die Unendlichkeit der Zeit bewegen, ohne je wieder einen Fehler zu machen?

Recht oft wird dir ein Flash der Erleuchtung folgende Botschaft durchgeben: Geh dorthin zurück, wo du angefangen hast, und lerne, es mehr zu lieben.

Es gibt noch einen weiteren Nachteil der konventionellen Methoden, sich selbst zu erhöhen: Wenn du dich mit einem Status-System geistiger Werte identifizierst, kann das bei dir eine lieblose Hochnäsigkeit gegenüber deinen Mitmenschen auslösen. Die Gerechtigkeit unserer Beziehungen ist unfehlbar, und wenn du lieblos bist, werden sich die Ergebnisse deutlich manifestieren. Du wirst dich dann vielleicht beklagen: «Ich arbeite so streng daran, rein zu sein; weshalb geschehen dann diese Dinge, weshalb hassen mich Leute?» Aber es gibt keine grössere Reinheit als die Liebe, selbst wenn sie verdorben und unrein ist.

Der positive Weg, um dein Ego zu definieren, besteht darin, mit seiner Ursache eins zu sein: Liebe es so, wie es ist, und wähle dann frei das Verhalten, welches dir auch immer für dich gut erscheint. Du wirst nicht weggefegt; du kannst deine momentane Struktur als einen Austauschvorgang mit der Raumebene erfahren, und nur dann höher steigen, wenn du es auch willst.

Die einzige Handlung, die wirklich einen Wandel zum Besseren hervorbringt, ist die, dass du deine Schwingungsebene veränderst, dass du die Ebene deiner Liebe erhöhst. Gruppentreffen, sexuelle Freiheit, Revolution, Yoga, Diät, Askese, Rock-Musik, Drogen – alle Mittel hängen von deinem Interesse und deiner kreativen Kraft ab um effektiv zu sein. Es sind alles gute Spiele, aber versuch nicht, dich länger zu etwas zu zwingen, als du noch wirklich daran Interesse hast. Sie funktionieren nur, solange deine Aufmerksamkeit für sie noch wach ist. Und wenn sie zu gut, zu erfolgreich funktionieren, kann es leicht geschehen, dass du das «Interesse verlierst». Wenn du spürst, dass sich deine Struktur in Energie und dann in Raum verwandelt, ist es sehr wahrscheinlich, dass du einen Rückzieher machst, es sei denn, du nimmst das an, was geschieht, und stabilisierst dich auf einer neuen Ebene.

Es gibt wirklich mehr liebende Spiele, als bloss dich selbst zu verbessern oder andere Leute umzukrempeln, oder die negative Spannung sonstwie dazu zu verwenden, deine Struktur zu festigen.

Präg dir ein, dass dein Ueberleben nicht von irgendeiner Struktur abhängt. Du bist eine Einheit, eine Wesenheit genau wie alle andern im Universum. Wenn du nichts hast, hast du auch nichts zu verlieren.

Es ist nicht «falsch», negative Ereignisse dazu zu verwenden, dein Ego zu definieren, solange du es bewusst tust, weil du es so möchtest. Das einzige, was bei jeglicher Aktivität «falsch» ist, ist, sich vom Gewahrsein dessen, was du tust, abzuwenden. Wir können eben alle diese lächerlichen Spiele mit sehr viel mehr Vergnügen spielen, wenn wir uns gewahr sind, was wir wirklich tun.

Wenn du jemandem auf geistigem Gebiet Lösungen anbietest – oder überhaupt Lösungen irgendwelcher Art für irgendetwas – dann bittest du ihn, das aufzugeben, was ihn sich aktiv, lebendig und bestimmt fühlen lässt – seine Ego-Struktur. Sei vorsichtig – *es ist gefährlich!*

Nun gut, halte dich für den Anfang daran: Jedes Menschenwesen ist im Augenblick ein vollkommenes Was-auch-immer-es-ist. Jeder Bewusstseinszustand ist vollkommen und vollständig und braucht nicht verändert zu werden. Und jede Bewusstseinsveränderung ist vollkommen und vollständig und braucht nicht so zu bleiben, wie sie ist.

Ich hab versucht, mit zwei Leitsätzen alle Möglichkeiten aufs Mal zu erfassen:

Ob ich mir dessen bewusst bin oder nicht, ich bin eins mit der Ursache von allem, was existiert.

Ob ich es empfinde oder nicht, ich bin eins mit aller Liebe des Universums.

Zeit und Schwingungen

Wir können unser Zeitempfinden verändern, indem wir unsere Schwingungen verändern, wie wir durch Schwingungsänderungen auch unsere Wahrnehmung des übrigen physischen Universums wandeln. Unsere Vorstellungen, Empfindungen und begrenzten Beziehungen haben innerhalb der Zeit einen Anfang und ein Ende, wir aber nicht. Auf der Raum-Ebene, wenn wir vollständig ausgedehnt sind, ist es zu jeder Zeit jetzt.

Wenn du einen See betrachtest, hast du kein Wasser in deinen Gedanken. Anders ausgedrückt:

Im Gewahrsein eines harten Gegenstandes liegt keine Härte. Das Gewahrsein einer Verwirrung ist nicht verwirrt. Das Gewahrsein von Wahnsinn ist nicht wahnsinnig. Das Gewahrsein eines Zeitablaufs erfordert keine Zeit, es enthält keine Zeit.

Wir «messen» die Zeit durch das zwanghafte Wiederholen von Interaktionen auf der Masse-Ebene. Und je ausgedehnter unser Bewusstsein ist, desto weniger sehen wir uns in Zwänge verwickelt. Unser subjektives Zeitempfinden weicht oft von der Uhrzeit ab.

Unterdessen sind vielen von uns die Verzerrungen der Zeit schon vertraut, die auftreten, wenn wir mit Marihuana high sind, und natürlich führen stärkere Psychedelika zu noch grösseren Extremen. Wie geschieht dies? Es ist sehr wertvoll, kurz den Quellen des Zeitempfindens nachzugehen, weil dies deutlich macht, wie praktisch es ist, dir zuerst deiner eigenen Schwingungsebene bewusst zu werden, ehe du auf das reagierst, was du für eine äussere Wirklichkeit hältst.

Stell dir die Wahrnehmung wie eine Art Radar vor: Deine Welle strahlt aus und wird von einem Gegenstand zurückgeworfen. Es erübrigt sich wohl zu sagen, dass es in Wirklichkeit komplizierter ist, als in dieser Darstellung, aber es kommt den Tatsachen nahe genug, um nützlich zu sein.

Nehmen wir an, jemand rüttelt an einem Tisch und eine Tasse beginnt hinunterzurutschen. Wenn deine Wahrnehmungsschwingungen sehr langsam sind, werden dir deine Wellen eine Botschaft schicken, wo sich die Tasse befindet, wenn sie zu fallen beginnt, einen zweiten Eindruck, wenn sie sich auf halbem Weg zum Boden befindet, und einen dritten, wenn sie aufschlägt. Wenn aber deine Schwingungen rasch sind, wirst du eine ganze Reihe von Eindrücken von dem Weg erhalten, den die Tasse zu Beginn ihres Falles nimmt, und du wirst das Gefühl haben, dass dir eine Menge Zeit zur Verfügung steht, um deine Hand hinüber zu bewegen und sie aufzufangen, wenn du willst.

Achte sorgfältig darauf, dass Ereignisse schnell zu geschehen scheinen, wenn deine Schwingungen langsam sind, und dass du dann das Gefühl hast, die Dinge passieren zu schnell, als dass du sie in den Griff bekommen könntest. Und es könnte sein, dass du dich umso mehr gedrängt fühlst, noch intensiver zu versuchen, die Kontrolle darüber zu bekommen. Vielleicht versuchst du, dir geordnete Verhaltensweisen anzugewöhnen, und lehnst unordentliche Leute ab. Das ist eine der Wurzeln für den Machttrip. Vielleicht versuchst du auch, dich von verwirrenden Ereignissen fernzuhalten, indem du aufs Land ziehst, oder du schaltest dein Bewusstsein mit harten Drogen oder Alkohol aus.

Je rascher du aber schwingst, und je mehr Eindrücke du von deiner Umgebung zurückbekommst, desto langsamer wird dir der Ablauf aller Ereignisse erscheinen, und desto eher wirst du das Gefühl haben, darüber zu stehen. Je mehr du liebst, desto rascher schwingst du und desto weniger hast du das Bedürfnis, irgendetwas unter Kontrolle zu halten, und du fürchtest dich nicht vor Veränderung und Abwechslung. Du erfährst alles tiefer und langsamer und liebender.

Je grösser das Verhältnis von Ausdehnen zu Zusammenziehen in dir selbst ist, je ausgedehnter und liebender du bist, desto schneller schwingst du.

Die sekundäre Wirklichkeit ist in diesem Sinne nützlich, dass sie dir immer ein klares Bild von deiner Schwingungsebene vermitteln wird. Wenn die Welt schön und sicher aussieht, schwingst du schnell; wenn sie düster, langweilig oder beängstigend aussieht, dann schwingst du langsam, und es ist nötig, dass du dich dafür liebst, dass du zu langsam schwingst.

Ob innen oder aussen, du brauchst nie das zu verän-

ehst, sondern bloss die Art, wie du es siehst. Es ist zwecklos, einer Schwierigkeit zu entfliehen zu versuchen, indem du dein Bewusstsein zusammenziehst. Du wirst jeden Hügel wieder hinaufklettern müssen, den du hinunterrollst, du wirst es früher oder später tun müssen, in diesem Leben oder in einem andern, denn deine wahre Natur ist zeitlos.

Wende deine Aufmerksamkeit niemals impulsiv von einer Szene ab, weil sie hässlich, unangenehm oder schmerzlich aussieht.

Entscheide dich bewusst dazu – es genügt, wenn du das in Worte fasst – dich selbst dafür zu lieben, dass du sie abstossend findest. Behalte, wenn möglich, deine Aufmerksamkeit darauf gerichtet, bis sie schön wird, oder zumindest, bis du ihr gegenüber gleichgültig geworden bist.

Du brauchst dich nicht auf die Suche nach üblen Szenen zu machen, nur um dich zu testen, oder dich absichtlich an all das zu erinnern, was verkehrt ist in dieser Welt, aber wenn sich eine Szene in deinem Beisein einmal manifestiert, werde ihrer so vollständig als möglich gewahr.

Dabei zu bleiben ist wichtig. Du kannst dich in deinem Zimmer verstecken oder die Stadt verlassen, aber *du* als Wesenheit wirst mit deiner Ablehnung auf einer niederen Schwingungsebene festsitzen, sobald du dich unvermittelt abwendest. Es wird dann wie der eigenartigste aller Zufälle aussehen, wenn du, nachdem du deine Aufmerksamkeit scharf von einer unangenehmen Szene abgewendet hast, immer wieder in ganz ähnliche Situationen hineinrennst. Das wird dich verblüffen und immer wieder geschehen, bis du auf eine Unannehmlichkeit triffst, die du ertragen oder lieben kannst, und dann werden deine Schwingungen ansteigen.

Schau es an, liebe es, und *dann* löse dich davon! Es ist ganz in Ordnung, wenn du deine Aufmerksamkeit dem zuwendest, was dir angenehm ist. Wozu hätten wir sonst die Freiheit? Und so lange es einen freien Willen gibt, wird es immer einige Wesen geben, die Schwingungen erzeugen, die dir nicht zusagen, egal auf welcher Ebene du dich befindest. Das Wesentliche ist, dass du dich auf eine Weise entfernst, bei der du dann nicht festhängst.

Nachdem du einige Erfahrungen mit dem Lieben von unangenehmen Ereignissen gemacht hast, wirst du genügend eingestimmt sein, um rechtzeitig zu spüren, wenn dich jemand abstellen will oder schlechte Schwingungen spüren lassen könnte, (dass die Tasse zu fallen beginnt, sozusagen), und du wirst die richtigen Schritte unternehmen können, ehe du zu sehr drinhängst.

Glaube ja nicht, es sei «ungeistig» bei andern Leuten ungesunde Möglichkeiten wahrzunehmen: Es ist kein Verfolgungswahn, wenn deinen Befürchtungen echte Tatsachen zugrundeliegen.

Es zeugt einfach von einem Karma der Sorglosigkeit, wenn du Vorwarnungen nicht zur Kenntnis nimmst. Halte deinen Geist für alle Möglichkeiten offen und widerstandsfrei: So kannst du die Information erhalten, die es dir ermöglicht, das Übel davon abzuhalten, sich in deinem Leben zu manifestieren. Sei aufmerksam, hier und jetzt. Sage ruhig einmal Nein.

Unabhängig davon, was andere tun: Du bist der einzige der für das verantwortlich ist, was dir zustösst. Im äusserlichen Geschehen ist nichts, das nur im geringsten deine Gefühle und Erfahrungen bestimmt. Dein Leben ist gänzlich von deinen Schwingungen beherrscht, von dem, was sie dir vermitteln und wie du darauf reagierst.

Je langsamer deine Schwingungen, desto unangenehmer dein Leben: Mit entsprechend mehr Auseinandersetzungen, Masse und Schmerzen wirst du zu kämpfen haben. Die Ereignisse werden sich zu rasch ereignen, als dass du den Überblick behalten könntest, und dennoch wird dir die Zeit endlos vorkommen, weil du keinen Ausweg siehst.

Aber wenn du deine Schwingungsebene erhöhst, kannst du Zusammenstössen säuberlich ausweichen, sowohl psychisch als auch physisch, und kannst buchstäblich die Welt zum Besseren wandeln. Liebe ist die stärkste Magie, die es gibt.

Wenn du lernst, die Hölle zu lieben, bist du im Himmel.

Weg durch die Wandlungen

Wenn uns nichts auf der physischen Ebene zurückhält, was hält uns dann dennoch zurück? Weshalb sind wir von Strukturen abhängig? Wieso fürchten wir Veränderungen?

Zur Beantwortung dieser Fragen wollen wir noch einmal ganz oben anfangen. Es gibt eine Menge Wörter dafür, was es bedeutet, vollständig ausgedehnt zu sein: Allumfassendes Gewahrsein, Ganz-Sein, Freiheit, Liebe, Ekstase, Gewissheit, Dauer, allerhöchste Intelligenz, Erbarmen. Ich denke es wird für den Augenblick am klarsten werden, wenn wir unsere Interaktionen mit Begriffen erörtern, die sich auf die Stabilität beziehen.

Absolute Stabilität gibt es natürlich auf der Raum-Ebene, *weil alle Beziehungen in dem Masse stabil sind, als die daran beteiligten Wesen die gleiche Ausdehnung haben.*

Aber auf den Ebenen grössere Zusammengezogenseins, auf denen definitionsgemäss weniger Gewahrsein erfahren wird, haben wir entsprechend weniger Kontrolle darüber, wie lange der dauerhafte Zustand anhält. Und wenn wir zu Wesen in Beziehung stehen, deren Schwingungen höher oder tiefer als die unsrigen sind, fühlen wir uns labil und unsicher.

In einer labilen Beziehung haben wir grundsätzlich zwei verschiedene Wege, die wir einschlagen können, abgesehen von den Feinheiten allfälliger Veränderungen: Ein Weg führt zur Stabilität, wir erreichen eine gemeinsame Schwingungsebene; der andere führt zur Auflösung, indem wir uns in den Schwingungen so weit auseinanderbewegen, dass wir unser gegenseitig gar nicht mehr gewahr sind. Nachdem wir uns in der Gegenwart von Schwingungen, die höher oder tiefer als unsere eigenen sind, nicht wohlfühlen, neigen wir dazu, auf gewisse «natürliche» Arten zu reagieren. Schwingt die andere Person tiefer, werden wir im allgemeinen versuchen, sie auf unsere Ebene emporzubekommen, ihr zu helfen und sie aufzuheitern. Schwingt die andere Person aber höher, werden wir oft zuerst versuchen, sie herunterzuholen, und sie dazu zu bringen, ihre Schwingungen zu bremsen. Beachte, dass du, wenn du jemandem zu helfen versuchst, gegen seine natürliche, vielleicht unbewusste Anstrengung, dich herunterzubringen, arbeitest. Die tiefer schwingende Person (und das könnte unter Umständen jeder von uns sein) wird die Energie der höher schwingenden Person aufzusaugen scheinen, oft mit den besten moralischen und sozialen Absichten. Dieses Bemühen kann die verschiedensten Formen annehmen: Übertriebenes Lob, hinterlistige Anrempler in der Verkleidung höflicher Worte, mit

Problemen um Hilfe bitten, Angst und Depression zeigen, ausfreaken, eine Auseinandersetzung anfangen, bessere Gewährsleute anführen, und tausend andere Formen bis hinunter dazu, die höhere Person ins Gefängnis zu bringen oder zu töten.

Auf der andern Seite, wenn du dich mit einem solchen Verhalten konfrontiert siehst, besteht das Heilmittel darin, eine verströmende Liebe aufrechtzuerhalten und keinen Widerstand in deinem Mind zu haben. Die tiefer schwingende Person mag weiter und weiter ausgreifen, um dich herunterzuziehen, aber wenn sie merkt, dass du ihr keinen Widerstand entgegensetzt, wird sie auf deine Schwingungsebene aufsteigen müssen, um sich ausgeglichen und wohl zu fühlen, denn es ist zu schmerzlich, da zu bleiben, wo sie ist. Und sie *wird* aufsteigen, ausser natürlich, wenn sie den andern Weg geht und sich aus der Beziehung hinauslöst. Du bist jedoch nicht dazu verpflichtet, ewig auf sie zu warten: Wenn du merkst, dass sie nichts anderes unternimmt, als dich herunterzuziehen zu versuchen, bist du frei, die Verbindung aufzulösen, wann immer du willst. In der Alltagssprache: Trennt euch einfach. Denk nicht lange darüber nach und fühl dich nicht schuldig deswegen. Es ist innerhalb der natürlichen Ordnung der Dinge.

Wenn du Psychedelika nehmen oder meditieren und dich der Kommunikation mit höheren Ebenen öffnen willst, solltest du dir der Möglichkeiten bewusst sein, welche in diesen automatischen Interaktionen zwischen verschiedenen Schwingungsebenen liegen. Wahrscheinlich wirst du dich überwältigt, getrieben, gedrängt, herabgesetzt, voll seelischer Schrecken (der Horrortrip) fühlen, bis du deinen Widerstand fallenlässt, dich in

Liebe ausdehnst und zu der Schwingung der höheren Wesen aufsteigst. Diese haben keineswegs die Absicht, dich zu erschrecken oder zu prüfen, es ist deine eigene Dichte, die dich diese Empfindungen erleben lässt.

Alles, was dir wirklich Angst einjagt, mag einen Hinweis auf die Erleuchtung enthalten. Es kann dich darauf hinweisen, wie weitgehend du an Strukturen gebunden bist, seien sie geistig, physisch oder sozial. Bindung und Widerstand sind zwei Erscheinungsformen, die der gleichen Wurzel entspringen: Wenn du Widerstand leistest, indem du dein Gewahrsein nicht öffnest, empfindest du Furcht, und dieses Zusammenziehen erlebst du als einen Zug, wie beim Magnetismus oder der Schwerkraft, und das bedeutet Bindung.

Deshalb haben wir oft Angst, uns höheren geistigen Wesen zu öffnen. Wir meinen, Furcht sei ein Signal, dass wir uns abwenden sollen, während es in Wirklichkeit ein Zeichen dafür ist, dass wir uns schon zuviel abgewendet haben.

Hier einige Sätze, die mir gut getan haben, sowohl in Zeiten aufgewühlter Gefühle als auch während der Meditation:

Ich bin nichts, ich bin leer, ich bin still.

Ich habe keinen Widerstand gegen die Schwingungen anderer Wesen.

Ich habe keinen Widerstand gegen das Ausdehnen und Zusammenziehen anderer Wesen.

Wenn wir uns davor fürchten, zu sehen, was weiter oben ist, versuchen wir manchmal, uns ein Gefühl der Sicherheit oder Macht zu erkaufen, indem wir unsere Aufmerksamkeit auf dem ruhen lassen, was weiter unten ist. Dieser Vorgang nimmt viele Formen an.

Es zeitigt oft unglückliche Ergebnisse, wenn Hilfsbereitschaft als ein Impuls in Richtung auf diejenigen verstanden wird, die niederer sind als wir. Viele unserer impulsiven Gefühle haben ihren Ausgangspunkt in einer falschen Vorstellung von der Position anderer Leute. Die Gefühle an sich sind ganz in Ordnung – auf der Raum-Ebene sind die Gefühle unglaublich reichhaltig. Aber es ist klüger, darauf zu achten, woher unsere Gefühle stammen, und wohin sie uns führen. Wir können von einem Gefühl der Freiheit, Macht oder Belustigung verführt werden, wenn wir zu jenen Beziehungen anknüpfen, die wir für schwächer halten; oder wir können vor der Furcht und Erniedrigung zurückschrekken, die wir in Gegenwart derjenigen empfinden, die wir als stärker ansehen.

Das Prinzip der Gleichheit ist ein sicherer Führer, der uns sowohl vor einer törichten Leutseligkeit gegenüber verwirrten Leuten, als auch vor einer selbstbeschränkenden Ehrfurcht gegenüber überlegenen Leuten schützt.

Die Lösung all unserer Spannungen zwischen Drängen und Ziehen besteht darin, jedermann, jedes Wesen, das du als lebend anerkennst, als dir ebenbürtig zu behandeln. Blicke immer tiefer als jeder oberflächliche Anschein, dass du nicht gleichwertig seist. Wenn eine Person grosse Weisheit oder Genialität zeigt, grossartige Bilder malt, oder sich gar damit wichtig macht, dass sie Bücher mit Ratschlägen schreibt, wie dieses hier, GLAUBE EINFACH NICHT, dass dies irgend ein Beweis dafür ist, dass ihr Potential höher als deines sei. Wisse, dass alles, was ein anderer je getan hat, du auch tun kannst – nicht in dem Sinne, dass er herabgesetzt würde, aber du aufgewertet. «Bewundere» ihn nicht übermässig – das trennt euch. Lass ihn das sein, was er ist, liebe ihn als deinen Bruder, freu dich an seinen Schöpfungen, behandle ihn als einen Gleichwertigen. Und was du auch immer auf einem psychedelischen Trip sehen magst, sage einfach: *«Ich bin diesem gleichwertig; wir alle sind diesem gleichwertig.»*

Andrerseits, wenn jemand körperliche und geistige Krankheit hervorkehrt, Erniedrigung und Betrübnis, Hilflosigkeit und Verzweiflung, glaube einfach nicht, dass dies irgend ein Beweis dafür ist, dass sein Potential geringer als deines sei. Wisse, dass alles was du je getan hast, auch er tun kann. Stimme nicht blindlings seinem Spiel zu; reagiere nicht so, als ob das, was er tut, wirklich sei. Lass ihn das sein, was er ist, liebe ihn als deinen Bruder, empfinde Mitgefühl mit ihm, behandle ihn als einen Gleichwertigen. Fang mit dem Wissen an, dass er sich da selbst herausbringen kann. Lass ihn aber nicht unbedingt einfach links liegen, ausser wenn du weisst, dass er die gleiche Schau schon immer und immer wieder bis zum Überdruss abgezogen hat. Deine Aufmerksamkeit schenkt immer Leben; sie wird ihm das Gefühl geben, gehalten und geliebt zu werden, und er kann von da aus höher aufsteigen, *wenn* er will. Du kannst ihm sogar direkt sagen, dass du nicht an sein Spiel glaubst: Tu dies, während du seine Wunden verbindest, ihn mit Essen versorgst oder ihm Geld gibst. Handle nicht so, als seist du ihm überlegen: Du bist es nicht, du bist ihm ebenbürtig. Beachte die Sünde nicht und liebe den Sünder.

Es ist keine persönliche Beleidigung für dich, wenn jemand mit dir nicht einig ist, es ist ein Massstab für seine Schmerzen. Er zeigt dir, wie sehr er leidet, und wieviel Mitgefühl er nötig hat. Aber vergiss nicht, dass nicht alle Opfer unschuldig sind. In einem gewissen karmischen Sinn ist kein Opfer unschuldig, aber das heisst nicht, dass wir ihm nicht helfen sollten, denn es ist unser Schicksal, in einer Beziehung zu ihm zu leben, und wie wir uns verhalten bestimmt unser eigenes Karma. Aber wir sollten in einer Art helfen, die für uns keine Bindung an tiefere Schwingungen ergibt. Das heisst, wir sollten geben, was wir selbst an Gutem oder Bösem in den gleichen Umständen zu bekommen erwarten, und mit dem Wissen beginnen, dass alle Wesen gleichwertig sind.

Solange wir noch glauben, dass es Leute gibt, die grösser oder geringer als wir selbst sind, werden wir dazu neigen, nur noch fester an unserer gewohnten Schwingungsebene zu hängen. Wir werden an die Leute gefesselt sein, die uns das Gefühl geben, zuhause zu sein. Wir werden festgefahren sein in unseren Ideen, unseren emotionalen Gewohnheiten, unseren Berufen, unseren Körpern. Wir werden Angst haben uns zu wandeln, weil wir die Erfahrungen der Labilität fürchten, die wir haben, wenn wir versuchen eine «höhere» Ebene zu erreichen. Wir werden Angst haben, auf eine «tiefere» Ebene zu fallen, wenn wir unsere gewohnte Stabilität aufgeben.

Wenn du einmal anfängst, dich in dem Wissen zu verhalten, dass kein Wesen grösser oder geringer ist als du, dann bist du frei, dich zu wandeln, denn du wirst dich stabil fühlen, unabhängig davon, auf welcher Ebene du dich befindest. Du wirst dich ruhig und deiner selbst sicher fühlen, ob mit oder ohne Körper, ob mit oder ohne Beruf, Gehirn, ein Buch zum Lesen oder ein Buch zum Schreiben.

Wenn wir unser Gewahrsein vom Ausdehnen anderer abwenden und unsere Aufmerksamkeit auf das Zusammenziehen anderer richten, binden wir uns an die Welt der Materie. Es ist beruhigend, zu wissen, dass dieser Vorgang, aufgrund dessen wir zunächst einmal in Körpern inkarniert wurden, auch in unserem täglichen Leben abläuft, und dass er sehr leicht umgekehrt werden kann, und zwar jetzt.

Es ist eine hübsche Wahrheit, dass der Weg, der dich von deiner Pein auf der physischen Ebene befreien wird, dich auch zu der höchsten geistigen Verwirklichung führen wird. Und es ist ein einfacher Weg: *Kein Widerstand.*

Was ist wirklich?

Die Vorstellung, dass wir in einem Universum gleichwertiger Wesen leben, ergibt für alle Religionen einen Sinn und kann alle metaphysischen Einstellungen in sich enthalten. Sie ist das Floss, das wir am leichtesten abstossen können, wenn wir das andere Ufer erreicht haben, das kein Ufer ist. Sie kann uns lehren, wie wir auf dieser Ebene leben sollen, sie kann unsere wissenschaftlichen Kenntnisse in sich aufnehmen, sie kann zeigen, wie unsere körperliche Existenz der Ausdruck geistiger Gesetze ist. Sie gibt uns ein absolut verlässliches Verständnis dafür, was wahr ist und was wirklich ist.

Gleichwertige und einzigartige lebende Wesen sind alles, was im Universum völlig wahr und wirklich ist. Wir *sind* das Universum.

Den tiefsten Sinn der Wirklichkeit erfahren wir nur bei der höchsten Ausdehnung in vollkommener Liebe. Auf tieferen Schwingungsebenen sehen wir andere Wesen miteinander auf eine Art in Beziehung treten, die nicht gänzlich wahr und wirklich ist.

Nehmen wir als Beispiel aus dem Alltag die Leute in einem Publikum. Die Leute sind wirklich, aber «Publikum» ist die Bezeichnung für etwas, das sich auflöst, sobald die Leute nach Hause gehen. In diesem Sinne ist das Publikum eine Illusion: eine zeitweilige, teilweise und begrenzte Wirklichkeit – es hat keine unabhängige, wirkliche Existenz.

Wir können eine statistische Wahrscheinlichkeit dafür berechnen, wie sich das Publikum verhalten wird, aber jedes Mitglied hat die Freiheit, zu kommen und zu gehen, wie es will, genau wie die Atome, die unsern Körper bilden, kommen und gehen. In diesem Sinne können wir auch sagen, dass das physische Universum, einschliesslich unserer Körper, eine Illusion ist.

Wir sind wirklich: Die Wesen, die am Universum teilhaben – wir, die Teilchen in den Atomen, die Energie- und Raum-Wesen, alle sind wirklich, alle sind gleichwertig, alle sind von ein und derselben Art.

Aber die Beziehungen, Gruppierungen und Zusammenballungen, wie wir sie von jeder beliebigen Schwingungsebene aus sehen, sind illusorisch. So wie das Publikum sich aus Leuten zusammensetzt, entstehen Illusionen aus wirklichen Wesen. Es gibt tatsächlich gar keine andere Möglichkeit, eine Illusion zu bilden, als dazu das zu verwenden, was wirklich ist, es gibt sonst gar kein anderes Material dafür.

Wir sollten jedoch besser von einer sekundären Wirklichkeit sprechen, anstatt die Welt illusorisch zu nennen, was man leicht als Freibrief für Diebstahl oder andere lieblose Verhaltensweisen auffassen könnte, und was dich nur ärgern wird, wenn du dich da, wo du bist, festgefahren fühlst. Die Welt ist wirklich genug, wenn wir innerhalb eines bestimmten Bereichs schwingen, aber *nur,* solange wir das tun.

Tatsachen sind begrenzte Wahrheiten: Es kommt darauf an, wie Beziehungen zwischen andern für uns aussehen, wenn wir unser eigenes Gewahrsein und unsere Liebe eingeschränkt haben, oder wenn sie dies mit den ihren getan haben. Aber Tatsachen haben ihren Ursprung in der Wirklichkeit: Wohl mögen wir nur eine beschränkte Ansicht der Wesen haben, die in das, was wir als Materie sehen, verstrickt sind, aber diese Wesen sind wirklich, sie sind selbstbestimmend und handeln in Harmonie.

Wir brauchen jedoch keine Tatsachen, um weise und liebend zu sein. Auf den verschiedenen Schwingungsebenen sind verschiedene Gruppen von Tatsachen wirklich. Die Wahrheit ist für alle gleich, die Tatsachen sind immer für jeden ein bisschen verschieden.

Tatsachen sind gewiss faszinierend, wie Klatsch: Wer tut wem was, was tut was was. Tatsachen lassen sich endlos sammeln. Manchmal haben wir das Gefühl, wenn wir nur genügend davon beisammen hätten, könnten wir die Wahrheit finden. Manchmal versuchen wir wie verrückt, sie zu negieren, sogar obwohl wir an eine Schwingungsebene gebunden sind, von der sie nicht verschwinden werden.

Illusionen, Tatsachen sind in dem Mass verlässlich, als sie Wahrheit in sich enthalten, aber sie sind auch bis zu einem gewissen Grad trügerisch.

Täuschungen sind Negierungen der Wahrheit. Wenn wir die physische Ebene verwenden, um eine höhere

Wirklichkeit zu negieren, so täuschen wir uns. Aber wenn wir die Realität leugnen, die in der materiellen Welt liegt, täuschen wir uns ebenfalls. Wir können uns nicht über die physische Ebene erheben, indem wir ihre Wirklichkeit verneinen: Wir müssen sie lieben und die Wirklichkeit der lebenden Wesen, die sie bilden, bestätigen.

Einige von uns verlieren bei ihren Bemühungen um Geistiges den Mut, weil uns Erleuchtungserfahrungen nicht immer dazu verhelfen, die Tatsachen unseres physischen Daseins besser zu handhaben. Vielleicht geraten wir sogar nur noch mehr durcheinander: Ein LSD-Trip kann uns zeigen, wie nebelhaft die Welt ist, und dann sind wir verärgert, weil die harte Realität der Masse-Ebene immer noch da ist, wenn wir herunterkommen.

Erleuchtungserfahrungen können beim Umgang mit Tatsachen insofern helfen, als sie dir zeigen, dass du ein vollkommen freibewegliches Was-auch-immer bist, das auf vielen verschiedenen Schwingungsebenen innerhalb und ausserhalb der physischen Ebene zu existieren fähig ist.

Wenn du einmal weisst, dass die Tatsachen auf jeder Ebene verschieden sein werden, wirst du weniger versucht sein, gegen die Tatsachen auf irgendeiner besonderen Ebene anzukämpfen. Je mehr sich dein Gewahrsein öffnet, desto eher wirst du imstande sein, die Ebene zu wählen, die du wünschst, und mit desto erfreulicheren Tatsachen wirst du es zu tun haben.

Es gibt im Universum kein mächtigeres Wesen als dich, aber es gibt auch keine weniger mächtigen. Das sollte dein Ausgangspunkt in all deinem Verhalten gegenüber anderen Leuten sein. Oft sage ich zu mir selbst:

«*Mögen meine Bestrebungen nicht versuchen, den notwendigen Gesetzen unserer Beziehungen als gleichwertige Wesen zu widersprechen.*» (Ein langer Satz, aber ich sage ihn).

Nachdem jedes Wesen selbstbestimmend ist, kannst du niemandes Schwingungsebene gegen seinen Willen verändern, und du brauchst es auch nicht zu tun. In Wirklichkeit kannst du andern weder schaden noch helfen, ohne dass sie bei dem Spiel mitzumachen bereit sind, noch kann dir jemand ohne dein Einverständnis schaden oder helfen.

Deine Wahrnehmung von andern ist tatsächlich durch deine eigenen beschränkten Schwingungen gefärbt, ehe du die höheren Ebenen erreicht hast, und deshalb kannst du gar nicht genau wissen, was das, das du zu verändern versuchen willst, eigentlich ist. Andrerseits hast du deine eigene Schwingungsebene vollkommen unter Kontrolle, und das ist die ganze Freiheit, die du brauchst, um deine eigenen Beziehungen und Erfahrungen zu beherrschen.

Du bist frei, an jedem beliebigen Ort der Welt zu sein, die jetzt für dich Wirklichkeit ist. Und über das hinaus bist du fähig, in jeder Zeit, auf jeder Schwingungsebene, in jedem System, mit wem immer du willst, zu sein.

Unabhängig davon, wie gefangen du dich fühlst, wie niedergeschlagen von einem Tag zum andern, wird davon deine grundsätzliche Freiheit nicht beeinträchtigt.

Wenn du jetzt deine Umgebung anschaust, magst du sehr viel «Wirklichkeit» erblicken, die macht, dass du dich sicher fühlst, auch wenn sie dich verletzt oder dir zum Hals heraushängt. Es ist ganz in Ordnung, wenn du daran festhältst, solange du dir das überlegst. Es wird dir nichts Unerwartetes zustossen, nur weil du gelesen hast, wie frei du bist.

Jedenfalls bist du nie allein – zu jeder Zeit gibt es viele Wesen, die deiner gewahr sind, dich lieben, und bereit sind, es dich fühlen zu lassen, wann immer du bereit bist, dich dieser Erfahrung zu öffnen, die dafür Sorge tragen, dass du nicht zu tief hinuntergerätst, und die dich ermutigen, dich selbst zu lieben.

Die Welt, die du siehst, ist in Wahrheit eine Wirklichkeit der Uebereinkunft – in gewissem Sinne wird sich das Universum in mitfühlender Weise auf alles und jedes einstellen, was du gerade brauchst, um deine Vorlieben herauszuarbeiten. Du hast eine unendliche Auswahl an Welten, um darin zu leben.

Du bist auch frei, entsprechend vieler verschiedener kosmischer Ideen zu leben. Die Tatsache, dass du die Wahl hast, macht keine von ihnen weniger gültig. Du magst in einem Universum leben, in welchem ein Gott an der Spitze einer Hierarchie steht, die bis zu den Seelen in äusserster Finsternis reicht. Oder in einer materialistischen Welt, in der es kein Leben nach dem Tod gibt, bloss ein vollkommenes Auslöschen alles Vergangenen. Vielleicht hast du einen Himmel und eine Hölle.

Was du auch immer wählst, welche Schwingungen auch immer du für dich als richtig empfindest, du wirst dich auf andere, die das gleiche glauben, einstimmen und dich mit ihnen stabilisieren. Auf der Raum-Ebene zieht gewöhnlich Gleiches Gleiches an.

Du kannst deine Schwingungen auf Christusbewusstsein oder Buddhabewusstsein einstimmen und ein erhabenes Mitgefühl erleben. Du kannst dich auf schwarze

Magie einstimmen und in einer Welt gespenstischer Formen und gewalttätiger Kräfte leben. Du kannst dich auf Micky Maus einstimmen oder auf Herrn Natürlich im kosmischen Comic-Buch. Du kannst eins werden mit der göttlichen Mutter und in unglaublichem sinnlichem Luxus verweilen.

Du kannst alle diese Erfahrungen und noch mehr machen, wenn du meditierst oder Psychedelika nimmst. Du wirst dich dann an dieses Buch vielleicht nicht erinnern, aber du wirst fähig sein, zwei Wörter im Gedächtnis zu behalten: *Kein Widerstand.* Wenn überhaupt irgendetwas, so treffen diese zwei Wörter auf jenen Ebenen noch mit viel grösserer Wichtigkeit zu, als auf dieser. Erinnere dich ihrer vor allem, wenn du stirbst.

Nachdem wir nirgendwohin rascher und auf die Dauer gelangen, als uns unsere Liebe führt, und nachdem wir zuerst das lieben müssen, wo wir sind, muss noch etwas darüber gesagt werden, dass man nicht zu ehrgeizig sein soll in bezug auf die unendlichen Möglichkeiten.

Aber es ist schön zu wissen, dass mehr dahinter steckt, als was du jetzt gerade vor dir siehst, und dass du deine momentane Wirklichkeit auf viel intensiveren Ebenen des Vergnügens und des Wohlbefindens erleben kannst.

Wie du sie erlangst

Es gibt viele Wege zur Erleuchtung. Einige von uns, die in ihrer Ausdehnung einen gewissen Grad von Erleuchtetsein erreicht haben, haben danach die dogmatische Gewissheit eines besonderen Weges gepredigt.

Aber der Erleuchtung ist es egal, wie du sie erlangst. Und wenn du schon im Paradies nicht darüber nachdenkst, dann mach dir jetzt keine Sorgen darüber.

Meine Vorschläge haben nur die Absicht, dir zu zeigen, weshalb du es tatsächlich selbst tun musst. Geh von dem aus, was du als wahr kennst und weisst. Meine eigene Einstellung, zu der ich durch ein Übermass an Arbeit und Zweifel gelangt bin, ist die, dass ich mich mit keinem Weg zufrieden gebe, der es für die meisten Menschen, wie ich sie kenne, schwierig oder es ihnen vielleicht sogar für viele weitere Leben unmöglich macht, sich höher zu entwickeln.

Ich selbst muss den Weg wählen, der jedermann zugänglich ist. Wenn ich dahin gelangt bin, sei es mit Hilfe von LSD oder auf anderen Wegen, stelle ich fest, dass ich zurückkehre, um jenen zu helfen, die keine geistigen Athleten sind. Indem ich den Weg beschreite, der allen offensteht, weiss ich, dass diejenigen, die hinter mir zurückgeblieben sind, dies aus ihrem eigenen freien Willen tun, und dass ich nicht nochmals zurückkommen muss.

Wie es vollkommene Erleuchtung gibt, so gibt es auch vollkommene Mittel, die Erleuchtung zu erlangen: Einen einfachen Weg, der jedem Wesen im Universum *jederzeit* zugänglich ist. Liebe ist das vollkommene Hilfsmittel zur Erleuchtung. Sie ist jederzeit für jedes Wesen zugänglich: Nichts und niemand hat die Kraft, ihr im Wege zu stehen.

Und sobald du dich entschlossen hast, den Weg zu wählen, der jedermann zugänglich ist, dann hast du's: Du bist *auf* dem Weg der jedermann zugänglich ist.

Dieses Buch dreht sich um die Hypothese im ersten Abschnitt des ersten Kapitels, aber ich möchte klarstellen, dass ich viele Male tatsächlich in all diesen besprochenen Bewusstseinszuständen gewesen bin, wie viele andere Menschen auch. Ich rate nicht einfach. Von diesen Zuständen trennt uns nur ein Hauch. Und oft habe ich mich sogar von diesem Konzept lösen müssen, deshalb kann ich mit Überzeugung sagen: Liebe über jede Vernunft hinaus – es ist sicher. Es ist die einzige Sicherheit. Liebe soviel du nur kannst, und wenn du bereit bist, wird dir alles gezeigt werden.

Der Geisteszustand, der die Erleuchtung am nötigsten hat, ist derjenige, der die Menschen als der Erleuchtung und Führung *bedürftig* sieht.

Die Sünde, die am meisten geliebt und vergeben werden muss, ist der Geisteszustand, der die Menschenwesen als Sünder sieht.

Diejenigen unter uns, die durch eine Betonung des Negativen einen Flash des Raumes erlangen, mögen uns damit zu trösten versuchen, dass wir auf einem Bodhisattwa-Trip seien, und herunterkämen, um anderen zu helfen, aber dann sollten wir unsere Motive noch kritischer unter die Lupe nehmen.

Jedermann, der anderen erlaubt, ihn als geistigen Führer zu behandeln, hat die Verantwortung, sich selbst zu fragen: Weshalb betone ich von allen Wahrnehmungen, die mir im Universum zugänglich sind, ausgerechnet die Unwissenheit meiner Mitmenschen? Was habe ich in einer Rolle zu suchen, in der dies wirklich ist? Was für Massstäbe stelle ich auf, dass an ihnen gemessen so viele Leute in Not zu sein scheinen, während ich der Erleuchtete bin?

Diese Fragen trafen mich wie ein Donnerschlag, und dies ist eine Möglichkeit, wie ich darauf für mich selbst antworten könnte: Alles was in deinem Körper geschieht, geschieht auf einer unendlichen Reihe von Schwingungsebenen. Wenn du deinen Mangel an Information mehr liebst, als ich dieses Wissen, dann bist du auf einer höheren Ebene als ich. Es gibt überhaupt keinen äusseren Hinweis, der mir zeigen könnte, wie sehr du dich liebst, denn ich sehe dich ja aus dem beschränkten Blickwinkel meiner eigenen Schwingungen. In diesem Sinne ist das, was ich sehe, ich selbst.

Wie verwirrt, dumm oder lieblos uns andere Menschen erscheinen mögen, wir haben kein Recht, je anzunehmen, dass ihr Bewusstsein auf einer tieferen Ebene schwinge, als unseres. Sie könnten viel weitergehende Dimensionen der Liebe realisieren. Die Art, wie wir sie sehen, ist ein kleiner Massstab unserer eigenen Schwingungsebene.

Eben die Leute, die wir jetzt als vulgär, unerleuchtet, dumm, Absteller und Verrückte ansehen – gerade diese Leute sind unsere Eintrittskarten ins Paradies, wenn wir lernen, sie *und alle unsere Gefühle, die wir für sie haben, zu lieben.* Und das ist alles, was wir zu tun haben – sie lieben. Wir mögen dieser Liebe Ausdruck verleihen oder nicht, wie wir wollen, und auf welche Art wir wollen. Aber wir müssen sie so sehen und lieben, wie sie jetzt sind, denn wir können ihnen nicht die Freiheit absprechen, das zu sein, was sie sind: genau wie wir auch uns selbst so lieben müssen, wie wir jetzt sind.

Wir wollen uns daran erinnern, dass jeder eine Art Gegenteil von dem ist, worauf er in der Vergangenheit beharrt hat, oder was er in der Zukunft sein könnte. Solange wir uns uns selbst als begrenzte Wesen vorstellen, sind wir alle gleich weit vom Zentrum entfernt, ob wir gut oder böse, geistig klar oder verwirrt sind.

Wenn jemand ein gewisses Gewahrsein höherer Ebenen erlangt hat und weiss, dass er frei ist, an jedem beliebigen Ort im Universum zu sein, mag er eine Rechtfertigung suchen, um an einem Spiel auf der physischen Ebene teilzunehmen. Die für ihn selbst schmeichelhafteste Art, sein Bedürfnis zu bemänteln, besteht darin, sich selbst als Heilsbringer zu sehen, als Vermittler von Erleuchtung, Reinheit und Tugend. Niemand, nicht einmal er selbst, wird seine Motive und Erfolge in Zweifel ziehen: Tut er nicht genau das, was er zu tun behauptet? Wenn es andern nicht glückt, seine Höhe zu erreichen, ist dies nicht sein Fehler – und so hält er das Spiel für ewige Zeiten im Gange. Es erneuert sich solange immer von selbst, als er nicht zu sehen gewillt ist, dass es seine eigenen Schwingungen sind, die das Böse und die Unwissenheit, die er überall feststellt, so hervorheben. Je mehr er das Böse hasst, desto mehr Böses wird es zu hassen geben. Je mehr er den Leuten rät, der materiellen Welt zu widerstehen, desto mehr bindet er sie daran.

Und selbst diese Bemerkungen sind die Folge meines eigenen Widerstands gegen den «Irrtum», dem Bösen zu widerstehen. Dies ist ein vollendetes Beispiel dafür, dass wir uns immer dessen schuldig machen, was wir bei andern verurteilen. Was wir sehen, sind immer wir selbst. Es ist zwecklos, das Verhalten von irgend jemandem verbessern zu wollen. Wenn er wüsste, was er tut, würde er es nicht tun, ganz gewiss, aber er ist ebensogut imstande wie wir, es zu wissen. Wenn er es nicht aus seinem eigenen freien Willen heraus sieht, ist es dann wahrscheinlicher, dass er dies tut, wenn wir es ihm sagen? Indem wir ihm seine Freiheit verweigern, sich auf dem Holzweg zu befinden, sind wir selbst auf dem Holzweg. Andern die Freiheit zum Dummsein zuzugestehen, ist einer der wichtigsten und schwierigsten Schritte auf dem Weg zum geistigen Fortschritt. Wie praktisch, dass wir die Gelegenheit, diesen Schritt zu tun, jeden Tag rings um uns herum haben.

Diejenigen unter uns, die behaupten, ein grösseres Wissen als unsere Mitmenschen zu haben und von mehr erleuchteten Erfahrungen berichten, haben mehr zu erklären, gerade weil sie mehr wissen.

Dieses Buch ist die Beschreibung und Verbesserung

meiner eigenen Unwissenheit. Und über die darin gegebene Information hinaus versuche ich zu zeigen, wie ein Mensch mit derartigen Erfahrungen, wie ich sie hatte, umgehen kann, ohne dass er seinen Mitmenschen fremdartige Trips auferlegt. Wann immer wir das, was uns gezeigt wird, weitergeben, müssen wir dies mit der gleichen allumfassenden Liebe tun, mit der es uns gezeigt wurde. Wir sind nur Vermittler der spirituellen Freude, und um sie weiterhin zu haben, brauchen wir bloss offene Vermittler zu sein.

Wenn wir dauernd das höhere Licht betrachten, wird unsere Sicht der Menschen um uns verzerrt werden, wie wenn wir in die Sonne blicken. Aber wenn wir uns das Licht über die Schulter scheinen lassen, wenn es uns durchdringt, werden wir die Schönheit anderer sehen, werden wir uns dem Licht öffnen, das durch alle Formen strahlt, und die Herrlichkeit der Schöpfung erkennen.

Und ich sage es oft: *Danke, ihr Brüder und Schwestern, dass ihr mein Bewusstsein an diesem Ort sein lasst.*

Solange wir Bescheidenheit und Stolz genug besitzen, aufgrund des Wissens zu handeln, dass wir in unendlicher Harmonie existieren, dass wir weder grösser noch geringer sind als andere, können wir uns erlesener geistiger Reichtümer und Vergnügen erfreuen.

Lass dich von jedem Edelstein an das diamantengleiche Licht der Liebe erinnern. Wisse, dass die unscheinbarste Freundlichkeit eine Facette ist im unendlichen Juwel der Erleuchtung.

Eine Fabel

Es war einmal ein alter König, der in einem Palast lebte. Mitten auf einem goldenen Tisch in der grossen Halle funkelte und blitzte ein grosser, wundervoller Edelstein. Im Laufe des Lebens dieses Königs leuchtete der Stein von Tag zu Tag immer prächtiger.

Eines Tages stahl ein Dieb den Stein, lief damit aus dem Palast und versteckte sich im Wald. Als er mit freudig bebendem Herzen den Stein betrachtete, erschien darin zu seinem grossen Erstaunen das Antlitz des Königs.

«Ich bin gekommen, um dir zu danken», sagte der König. «Du hast mich von meiner Bindung an die Erde gelöst. Ich hatte gedacht, ich wäre befreit, als ich mir den Stein erwarb, aber dann wurde mir bewusst, dass ich nur erlöst würde, wenn ich ihn mit reinem Herzen an einen andern weitergäbe.

Jeden Tag meines Lebens habe ich diesen Stein

poliert, bis schliesslich der Tag heraufdämmerte, an dem er so schön wurde, dass du ihn stahlst, und ich habe ihn weitergegeben und bin erlöst.

Der Edelstein, den du nun in Händen hältst, ist der Stein des Verstehens. Weder wenn du ihn versteckst und nur Andeutungen machst, dass du ihn besitzt, noch wenn du ihn voller Eitelkeit zur Schau trägst, kannst du zu seiner Schönheit beitragen. Seine Schönheit entspringt dem Bewusstsein, das andere von ihm haben. Ehre jene, die ihm Schönheit schenken.»

Bequemer geht's nicht

Einige Sätze zur Erinnerung:

Wir alle sind gleichwertige Wesen, und das Universum besteht aus unseren gegenseitigen Beziehungen.

Was habe ich auf einer Bewusstseinsebene zu suchen, wo so etwas Wirklichkeit ist?

Kein Widerstand.

Liebe es so, wie es ist.

Liebe so viel du kannst von da aus, wo du auch immer sein magst.

Ob ich mir dessen bewusst bin oder nicht, ich bin eins mit der Ursache von allem, was existiert.

Ob ich es empfinde oder nicht, ich bin eins mit aller Liebe des Universums.

Liebe ist die einzige Dimension, die verändert werden muß.

Liebe über jede Vernunft hinaus – es ist sicher. Es ist die einzige Sicherheit.

Alle Bewusstseinszustände sind hier und jetzt zugänglich.

Es liegt immer in uns, sie anzustreben.

Der Erleuchtung ist es egal, wie du sie erlangst.

Was du auch immer tust, lieb dich dafür, dass du es tust.

Es gibt nichts, was du zuerst tun müsstest, um erleuchtet zu werden.

Auch dies kann mit einem vollkommen ausgedehnten Gewahrsein erfahren werden.

Diese Erfahrung würde ich dem Einen Mind nicht verweigern.

Was hast du dir denn vorgestellt, wer es nötig hat, geliebt zu werden?

Wenn du lernst, die Hölle zu lieben, bist du im Himmel.

Danke, ihr Brüder und Schwestern, dass ihr mein Bewusstsein an diesem Ort sein lasst.

Allgemeine Reihe

Pierre Derlon
DIE GEHEIME HEILKUNST DER ZIGEUNER
248 Seiten, zahlreiche Abbildungen
gebunden, 34.–

Pierre Derlon
UNTER HEXERN UND ZAUBERERN
Die Geheimen Traditionen der Zigeuner
222 Seiten, zahlreiche Abbildungen
broschiert, 22.–

Sergius Golowin
DIE WELT DES TAROT
Geheimnis und Lehre der 78 Karten der Zigeuner
390 Seiten, 101 Abbildungen
gebunden, 46.–

Harish Johari
LILA
Das kosmische Spiel
136 Seiten, farbiger Spielplan
gebunden, 38.–

Timothy Leary
EXO-PSYCHOLOGIE
Handbuch für den Gebrauch des
menschlichen Nervensystems
gemäß den Anweisungen der Hersteller
164 Seiten, 24 Tabellen
broschiert, 28.–

Timothy Leary
WAS WILL DIE FRAU?
Vorwort von Robert Anton Wilson
Nachwort von Sergius Golowin
318 Seiten
broschiert, 29.80

Pete von Sholly
George Di Caprio
NEUROCOMIC – TIMOTHY LEARY
32 Seiten
broschiert, 10.–

Alan Watts
DIES IST ES
Und andere Essays über Zen
und Spirituelle Erfahrungen
144 Seiten
broschiert, 22.–

Walter Wegmüller
ZIGEUNER-TAROT
Kartenspiel
78 Karten, Vierfarbendruck
Kartonbox, 38.–

Robert Anton Wilson
DIE ILLUMINATI-PAPIERE
170 Seiten, illustriert
broschiert, 28.–

Neue Dimensionen

Robert Anton Wilson
COSMIC TRIGGER
Die letzten Geheimnisse der Illuminaten
Oder an den Grenzen
des erweiterten Bewußtseins
344 Seiten, illustriert
broschiert, 29.80

AUF INS ALL
Unsere Zukunft im Weltraum
Mit Beiträgen von rund 30 Autoren, u. a.
Buckminster Fuller, Gerard O'Neill,
Allen Hynek, Jacques Vallee,
Stewart Brand, Timothy Leary, Robert Anton Wilson
384 Seiten, zahlreiche Abbildungen
und Zeichnungen
broschiert, 38.–

James J. Donahoe
DIE KUNST DES TRÄUMENS
Der Weg zur Entwicklung
paranormaler Fähigkeiten
140 Seiten
broschiert, 22.–